**Nosotros y los otros:
La comunicación humana
como fundamento
de la vida social**

Nosotros y los otros: La comunicación humana como fundamento de la vida social

FÁTIMA FERNÁNDEZ CHRISTLIEB,
MARTA RIZO GARCÍA (coordinadoras)

FÁTIMA FERNÁNDEZ CHRISTLIEB
Universidad Nacional Autónoma de México

MARTA RIZO GARCÍA
Universidad Autónoma de la Ciudad de México

MARCO MILLÁN CAMPUZANO
Universidad Autónoma Metropolitana-Cuajimalpa

MANUEL DE JESÚS CORRAL CORRAL
Universidad Nacional Autónoma de México

MARÍA ROSALÍA GARZA GUZMÁN
Universidad Autónoma de Nuevo León

JOSÉ CISNEROS ESPINOSA
Universidad de las Américas-Puebla

GERARDO G. LEÓN BARRIOS
Universidad Autónoma de Baja California

CARMEN CASTILLO ROCHA
Universidad Autónoma de Yucatán

MARÍA CONCEPCIÓN LARA MIRELES
Universidad Autónoma de San Luis Potosí

editoras
los miércoles

La obra que usted tiene en sus manos es muy valiosa. Sus autores vertieron en ésta conocimientos, experiencia y años de trabajo y reflexión. La editorial ha procurado una presentación digna de su contenido y pone su empeño y recursos para difundirla ampliamente, por medio de su red de comercialización, a precios accesibles.

Cuando usted fotocopia este libro, o adquiere una copia "pirata" o fotocopia ilegal del mismo, el autor y todas las personas involucradas en el proceso editorial dejan de percibir lo que les permite recuperar la inversión que han realizado.

La reproducción no autorizada de obras protegidas por el derecho de autor, además de ser un delito, desalienta la creatividad y limita la difusión de la cultura.

Si usted necesita un ejemplar del libro y no le es posible conseguirlo, le rogamos hacérnoslo saber. No dude en comunicarse con nosotras.

editoras los miércoles

Nosotros y los otros. La comunicación humana
como fundamento de la vida social

Colección: Apuntes Básicos de Comunicación
Publicado por editoras los miércoles sa de cv
Copyright @ editoras los miércoles

CUIDADO EDITORIAL
Y CORRECCIÓN DE ESTILO: Ana Cecilia Terrazas y Maricruz Zamora

DISEÑO: Víctor M. Santos Gally

© 2009 editoras los miércoles sa de cv
    Av. Cuauhtémoc 1430
    Col. Sta. Cruz Atoyac
    México, D.F. 03310
    Teléfonos: 5658 1881 • 5605 7677
    Correo electrónico: acterrazas@editoraslosmiercoles.com;
    maricruz.zamora@editoraslosmiercoles.com
    Página web: www.editoraslosmiercoles.com
    AMGD

Primera edición
ISBN 978-607-7769-02-6
Reservados todos los derechos
Impreso en México/*Printed in Mexico*

A todos los que creen, con nosotros, que una genuina comunicación entre sujetos es lo único que asegura un mejor futuro.

LOS AUTORES, LAS AUTORAS Y LAS EDITORAS

Índice

Presentación
Fátima Fernández Christlieb .... *xi*

Introducción
Marta Rizo García .... *xv*

La comunicación y lo humano
Marta Rizo García *1*

Génesis de la comunicación intersubjetiva
Marco Millán Campuzano *17*

La comunicación intersubjetiva
y los estudios de la Comunicación
Manuel de Jesús Corral Corral *29*

La importancia de la interacción
y de la comunicación interpersonal
e intersubjetiva en la formación
de comunicólogos
María Rosalía Garza Guzmán *41*

La comunicación intersubjetiva
y sus ámbitos de aplicación
José Cisneros Espinosa *51*

OTRO REGRESO AL SUJETO:
MIGRACIÓN Y COMUNICACIÓN
INTERSUBJETIVA DESDE UN CASO
EMPÍRICO EN TIJUANA
Gerardo G. León Barrios *61*

LA COMUNICACIÓN INTRAFAMILIAR
Fátima Fernández Christlieb *75*

TEATRO Y COMUNICACIÓN: COMUNIÓN
DE SUBJETIVIDADES EN EL ARTE ESCÉNICO
Carmen Castillo Rocha *87*

LA MUERTE COMO RITUAL INTERSUBJETIVO:
REFLEXIONES SOBRE LA APROPIACIÓN
Y VIVENCIA DE LA MUERTE
María Concepción Lara Mireles *97*

CONCLUSIONES: LA COMUNICACIÓN,
ESENCIA DE LO HUMANO
Marta Rizo García *103*

MÁS LECTURAS, NOTAS, CITAS
Y REFERENCIAS BIBLIOGRÁFICAS *109*

Presentación

La primera década del siglo veintiuno no ha sido de fiesta para el planeta que habitamos. Los acontecimientos preocupantes empañan la tranquilidad colectiva. Es probable que cada generación y cada época crean que nunca ha habido tantos problemas en la vida de la humanidad como los que les tocó vivir. Puede ser. Cada quien mira la vida desde sus referentes. En estos momentos cuesta trabajo imaginar peores escenarios que los que nos rodean. Una ojeada a la economía mundial, al cambio climático, a la crisis de los partidos políticos, al tráfico y consumo de drogas, al panorama del hambre y la salud nos impide, en lo social, ser optimistas. Tal vez, y ojalá, en el territorio de lo privado haya más razones para la felicidad, pero poniendo un pie en la calle uno percibe que las cosas no marchan bien.

México, país en el que este libro se edita, vive novedades alarmantes. Cuando pensábamos que habíamos entrado a la democracia, tras décadas de un régimen de partido prácticamente único, resulta que las oposiciones resultaron inexpertas, la autoridad no logra controlar a los poderes de facto y las instituciones arrastran la inercia del viejo sistema político. Hay ajusticiados casi como si hubiera dado inicio una guerra civil. Hay corrupción como cuando la transparencia no se había convertido en ley. Hay desempleo como si nuestros centros educativos no formaran técnicos y profesionistas de calidad y como si no fuera posible planear la vida laboral de manera más acorde con las cifras poblacionales. Hay consumo de estupefacientes entre los adolescentes como nunca antes. Hay, y ésta es una de las razones que nos movió a escribir este texto, una falta de comunicación terrible.

Información sobra, nos inunda, nos rebasa. No nos damos abasto con tantos mensajes que recibimos, con tanto que se publica, con los cientos de señales que se difunden. La información se multiplica y nos exige ser brutalmente selectivos. Le hacemos caso a lo que nos queda más cerca, a lo que por obligación o trabajo debemos responder, nos sentimos cómodos con lo que nos gusta y entendemos. Lo demás se nos resbala, se pierde, a veces se nos antojaría atraparlo pero estamos desbordados, nuestra vida se desgobierna con más frecuencia de lo deseable. Nos circunscribimos a lo que nos compete y de lo público, de los otros, de los diferentes, no queremos saber mucho. Nuestros días no tienen espacios para mirar siquiera las posibles zonas de convergencia con los que piensan distinto, con los que votan por aquellos que nos disgustan, con los que toman decisiones en la vida pública, con los diferentes, pues. Nos hemos acostumbrado a escuchar descalificaciones de quienes no pertenecen a nuestro grupo, se nos ha adormecido la capacidad de escuchar con atención, brinca el prejuicio apenas escuchamos ciertas voces. Pese a que abundan los discursos sobre la tolerancia flota en el ambiente lo contrario.

La mayor parte de los problemas que nos rodean tiene su origen en una falta de comunicación. Pese a tener tanto en común, los seres humanos levantamos barreras entre grupos, sectores, partidos, gremios, generaciones. Nos basta con saber algo del otro para colocarle una etiqueta: derecha, izquierda; blanco, negro; tonto, inteligente; joven, viejo; malo, bueno y cuanto membrete se nos ocurra con tal de no mirar más adentro.

Se han creado centenas de licenciaturas en Comunicación supuestamente para estudiar este fenómeno de la puesta en común, del entendimiento entre las personas, de la evolución de la humanidad a partir del complemento de las diferencias, pero por lo menos en América Latina, las universidades que ofrecen esta carrera han puesto el acento en los medios de información y han dejado de lado la comunicación entre sujetos, entre seres dotados de conciencia. Los centros de educación superior han privilegiado la tecnología y han relegado las necesidades más recónditas e íntimas de los seres pensantes y sensibles.

Este libro invita a pensar de nuevo en la comunicación humana, en su significado, en su origen, en su enseñanza, en sus métodos, en sus aplicaciones, en las maneras como la vivimos. Estamos convencidos de que es urgente reinsertarla en las aulas, no sólo en las que se aprende Comunicación sino en muchas otras disciplinas y ciencias. No hay ámbito humano sin comunicación. No hay avance sin código compartido, no evolucionamos como humanidad sin significados comunes.

Quienes aquí escribimos trabajamos en la academia, enseñamos en diferentes universidades del país, pertenecemos a la Asociación Mexicana de Investigadores de la Comunicación, en la cual organizamos un grupo para repensar este fenómeno de la puesta en común, del compartir sentidos, de crear zonas de convergencia a partir de las diferencias.

Para acercarnos a nuestro objetivo rompimos con esa costumbre de colocar numerosas citas textuales. Intentamos abandonar el lenguaje críptico de los doctorados para decir lo mismo con palabras más accesibles. El ejercicio no ha sido fácil. La academia tiene sus reglas y las ciencias sociales han importado procedimientos nacidos en las ciencias de la naturaleza. Contrariamente a lo que el sentido común dicta, hemos adquirido el hábito de redactar para nuestros pares o para los evaluadores. Ofrecemos aquí un intento, que deseamos sea el primero de muchos, por divulgar con sencillez lo que nos inquieta, lo que investigamos, dirigiéndonos a los estudiantes y a todos los interesados en vivir mejor comunicados.

Un hilo conductor cruza los escritos: la certeza de la capacidad transformadora de la comunicación y la convicción de que es posible lograrla. No queremos volver a colocar la carreta delante de los bueyes. No le vemos sentido al hecho de hablar de comunicación masiva si no hemos experimentado, primero, la comunicación consciente entre seres humanos.

Fátima Fernández Christlieb

Introducción

Nosotros y los otros. La comunicación como fundamento de la vida social es una obra colectiva que precisamente pretende introducir a los lectores al fascinante mundo de la comunicación humana. ¿Qué es la comunicación? ¿Por qué nos comunicamos? ¿Cómo podemos mejorar nuestra comunicación? ¿En qué ámbitos podemos explorar la comunicación? ¿Siempre nos comunicamos de manera consciente?

La autoría múltiple del libro hace de éste una obra especial porque son muchas las manos y las miradas que la han escrito, y por tanto, muchos los énfasis, enfoques e ideas distintas. La diferencia, sin embargo, no es vista aquí como algo negativo, sino más bien como un logro que otorga riqueza a las ideas expresadas. Todas y todos los autores tenemos en común nuestra preocupación por la Comunicación más allá de los medios de difusión de información. Todas y todos los autores consideramos que pensar la Comunicación implica, antes que nada, situarla como algo inevitablemente ligado a lo humano, al mundo de las relaciones entre las personas. Nueve autores, nueve miradas, nueve aportes para aprender más de la Comunicación. Para aprender más, al fin y al cabo, de la vida humana, pues sólo somos seres humanos en tanto nos comunicamos unos con otros.

La obra está organizada en cinco apartados, capítulos o formas de acercarnos al tema fundamental. En el primer capítulo se presentan algunos de los conceptos básicos para pensar y entender la comunicación humana como por ejemplo el lenguaje, la interacción, la intersubjetividad, la relación nosotros-los otros, el vínculo, la comprensión, entre otros. El segundo capítulo ofrece al lector una mirada retrospectiva de la comunicación intersubjetiva, a partir de interrogantes como las siguientes: ¿Qué es la subjetividad? ¿Cuándo surge la reflexión sobre la subjetividad y la intersubjetividad? ¿Cómo ha ido cambiando el pensamiento sobre la intersubjetividad desde la Edad Media hasta la actualidad? El autor nos ofrece, entonces, un relato sobre la génesis y desarrollo de la comunicación intersubjetiva como categoría.

Los capítulos tercero y cuarto están estrechamente vinculados. En el tercero, el autor, luego de presentar algunas definiciones sobre la Comunicación, argumenta la necesidad de incluir las reflexiones sobre la comunicación intersubjetiva en los planes de estudio en Ciencias de la Comunicación. Algo similar plantea la autora del cuarto capítulo, quien expone la necesidad de formar comunicólogos y comunicadores que tengan conocimientos y habilidades sobre comunicación interpersonal y no únicamente habilidades técnicas para el buen manejo de los medios de difusión, perfil predominante en la enseñanza de la Comunicación en nuestro país.

El quinto y último capítulo presenta algunos ámbitos posibles de aplicación de la comunicación intersubjetiva. Este capítulo está conformado, a su vez, por cinco aportaciones.

En la primera, el autor expone los resultados de una investigación sobre jóvenes y comunicación: ¿Cómo se comunican los jóvenes? ¿De qué hablan? ¿Dónde intercambian mensajes? ¿Logran los jóvenes comprenderse unos a otros? En la segunda, el autor plantea la migración como un asunto que no únicamente debe pensarse como el tránsito de una persona de un país a otro, sino como una situación de modificación de experiencias de comunicación, como un tránsito entre un antes y un después, como una práctica que implica, antes que cualquier otra cosa, la negociación de sentidos –la comunicación, por tanto– entre los sujetos protagonistas de dicha práctica; los migrantes. En la tercera aportación de este quinto capítulo se aborda la comunicación en el interior de los sistemas familiares, y se parte de considerar a la familia como uno de los grupos humanos que construye códigos comunicativos comunes fuertes, sólidos y con frecuencia generando lealtades invisibles de generación en generación.

La autora presenta la comunicación intrafamiliar como un objeto de estudio que ha sido abordado por disciplinas cercanas a la Comunicación (la psicología y diversas terapias), y en menor medida, por la Comunicación misma. La relación entre el teatro y la comunicación es el objeto de la cuarta aportación del quinto capítulo de esta obra. La autora propone pensar el teatro –y el arte en general– como una comunión de subjetividades, como el resultado de la puesta en común de actores distintos: creadores y públicos; la vivencia estética y la comunicación a través de la forma dan lugar a considerar al teatro como una práctica artística con gran potencial transformador. El último texto del quinto capítulo versa sobre la muerte; la muerte entendida como un ritual y una vivencia que pone en relación a subjetividades distintas; la muerte entendida como generadora de apropiaciones y representaciones sociales y mentales muy particulares. Para la autora, la conceptualización de la muerte se construye por medio de la comunicación intersubjetiva en la vida cotidiana de todos nosotros, pues es a través de la comunicación con otros que vamos aprendiendo, comprendiendo, imaginando, creando nuestra propia concepción de la muerte.

El libro cierra con unas breves conclusiones que ayudan al lector a concretar las ideas básicas presentadas por los nueve autores, y con un listado de bibliografía comentada que pretende fungir de guía para profundizar y completar los conocimientos sobre los distintos temas relacionados con la comunicación intersubjetiva, la comunicación humana que se presentan a lo largo de estos apuntes básicos.

Nosotros y los otros. La comunicación humana como fundamento de la vida social es, por todo lo anterior, una invitación a saber más sobre la Comunicación, a conocer más sobre cómo nos comunicamos unos con otros, a comprendernos más y mejor entre nosotros. Una invitación, al fin y al cabo, a practicar una mejor comunicación nosotros mismos y con los otros, con quienes convivimos.

Marta Rizo García

La comunicación y lo humano

Marta Rizo García

Pensar la comunicación intersubjetiva, como pensar cualquier otro fenómeno comunicativo, social y cultural, requiere tener claros algunos conceptos. En este capítulo presentamos algunos en aras de una mejor comprensión de la comunicación intersubjetiva y, por ende, de una mejor comunicación humana.

¿Somos humanos porque nos comunicamos o nos comunicamos en tanto somos humanos? ¿Podemos comunicar algo sin pensarlo previamente? ¿Es el pensamiento una forma particular de comunicación con uno mismo y con el entorno? ¿Qué nos sucede cuando nos comunicamos unos con otros? ¿Siempre nos entendemos? ¿Cómo sabemos si nos estamos entendiendo? ¿La comunicación implica necesariamente comprensión?

Las preguntas anteriores ponen de manifiesto que la comunicación es un fenómeno humano casi inconmensurable. Pero esto no debe hacernos pensar que todo es comunicación. De hecho, pensar que todo es comunicación puede conducir a malentendidos y generalizaciones que poco ayudan a la comprensión de este maravilloso fenómeno humano.

Hablar de comunicación es hablar de relaciones entre sujetos, entre personas que, desde distintos lugares, con distintas características y distintos lenguajes, comparten significados en torno de algo. Para compartir significados, claro está, debemos partir de la existencia de códigos comunes que nos permiten establecer una comunicación con el *otro*, con los *otros*. El otro, el que no es yo, es imprescindible para la existencia de la comunicación humana. Si bien es cierto que existen ciertas teorías y aproximaciones que permiten hablar de la comunicación intrapersonal, con uno mismo, cuando hablamos de comunicación generalmente nos referimos a comunicación de uno hacia otro u otros.

La capacidad comunicativa de los seres humanos

El que los seres humanos nos podamos comunicar hace posible que nos relacionemos unos con otros, que interactuemos cotidianamente. Esta capacidad, propia de los humanos, satisface necesidades no sólo instrumentales –nos comunicamos con algún fin– sino también sociales, culturales y cognitivas. Sociales, porque necesitamos comunicarnos para sentirnos parte de la sociedad en la que vivimos, de los grupos a los que pertenecemos; culturales, porque la cultura se transmite por medio de la comunicación; y cognitivas, porque es a través de la comunicación que somos capaces de conocer nuestro entorno y movernos sin problemas en él. En cualquier proceso de comunicación, el **lenguaje** juega un papel importante, sea éste verbal o no verbal. Posteriormente regresaremos a este punto.

No se sabe con certeza cuándo y cómo nació la comunicación humana. Se suelen considerar dos elementos como los desencadenantes básicos del surgimiento del lenguaje: la **acción** y la **co-**

operación. Así, el lenguaje apareció unido directamente a una actividad social –la caza, la comida, el cuidado del fuego, entre otras– y sirvió a los sujetos para nombrar tales actividades. En estas acciones humanas fue crucial la colaboración entre todos los miembros del grupo. Las tareas de cooperación forzaron el fomento de la capacidad de comunicación, de emisión y distinción de una extensa gama de sonidos y gritos, que con el paso del tiempo se fue puliendo y se hizo más compleja.

Son varias las teorías acerca del origen del lenguaje y la comunicación humana. Aunque todavía no parece haber consenso en estas cuestiones, podemos hacer referencia brevemente a algunas de las principales hipótesis en torno del surgimiento del lenguaje y la comunicación humana. La **teoría onomatopéyica** propone que las palabras, tal y como hoy las conocemos, surgieron por imitación de sonidos naturales como el gorjeo de los pájaros o el zumbido de las alas de los insectos. La **teoría de la interjección** postula que el lenguaje tiene su origen en los gritos o interjecciones del animal humano. Por su parte, la **teoría del timbre natural** afirma que el hombre posee la facultad de dar a toda impresión externa su expresión vocal dentro del cuerpo, a modo de resonancia. Otra hipótesis proviene de la **teoría gestual**, que propone que el primer lenguaje del hombre fue gestual; los gestos fueron progresivamente sustituidos por el lenguaje vocal. Por último, hacemos referencia al **simbolismo fonético**, que considera que ciertas palabras parecen transmitir su significado por la índole de su sentido, un ejemplo sería la vocal "i", que en ocasiones se usa para designar algo pequeño, insignificante, o bien algo refinado y delicado.

Todo lo anterior pone de manifiesto que la comunicación humana es un fenómeno que, pese a tener un origen tan antiguo, sigue generando dudas e incertidumbres. No es importante aquí detenerse más en el origen del lenguaje y la comunicación humana. Lo que interesa destacar es que la comunicación es un proceso indispensable para la socialización de los seres humanos. ¿Qué entendemos por socialización? Es el conjunto de procesos que nos sirven para incorporar la cultura propia de nuestros grupos de pertenencia. Durante nuestros primeros años de vida, sobre todo en el seno de nuestra familia, incorporamos los elementos y bases que progresivamente van construyendo nuestra forma de ser, nuestra personalidad. A lo largo de nuestra vida, además, vamos aprendiendo nuevas normas, nuevos valores y formas de comportamiento, que nos sirven para orientar nuestras conductas conforme a las exigencias que nos vamos encontrando día con día. ¿Verdad que no nos comportaremos de la misma manera ante un profesor serio y exigente que ante nuestro mejor amigo o amiga? De forma casi automática sabemos que nuestro comportamiento debe ser distinto en estas dos situaciones. Este saber lo hemos aprendido a lo largo de nuestra vida, por medio de lo que denominamos **socialización**.

Relaciones interpersonales y comunicación

Para comprender qué es la comunicación intersubjetiva es indispensable conocer más acerca de lo que comúnmente llamamos **comunicación interpersonal**. ¿Te imaginas un día completo sin hablar con nadie? Aunque puede ser posible, casi todos nosotros tenemos contacto con otras personas –conocidas o no– a lo largo de un día cualquiera. Pongamos un ejemplo de alguien que vive solo. Nos levantamos, nos aseamos, nos preparamos el desayuno, salimos a la calle, compramos un jugo para el camino, tomamos un autobús para trasladarnos a la escuela o al trabajo. Éste podría ser el inicio de un día cualquiera para alguien que vive solo. ¿Cuántos contactos interpersonales ha tenido esta persona en este inicio del día? Al menos ha interactuado con dos personas: el vendedor de jugos y el chofer del transporte público. Estas personas son desconocidas, no sabemos quiénes son, en dónde viven, cómo se llaman ni en dónde nacieron. Sin embargo, logramos entendernos en una situación de interacción pasajera con ellos ¿verdad? Tenemos **códigos comunes** que nos permiten hacernos entender y entenderlos: hablamos un mismo idioma, tenemos incorporadas algunas reglas de cortesía, como dar los buenos días, pedir las cosas por favor y dar las gracias, por citar algunos ejemplos.

Los procesos de comunicación interpersonal son, antes que nada, situaciones de **intercambio**, situaciones en las cuales los sujetos que interactúan ocupan una posición de reciprocidad, es decir, pueden situarse el uno en el lugar del otro. La noción de intercambio va más allá de la mera transmisión de información. ¿Pero qué se pone en juego cuando nos comunicamos con otra persona? Para responder a esta pregunta es pertinente enlistar los componentes o características básicas de la comunicación interpersonal:

Co-presencia en el espacio y en el tiempo. Es decir, la comunicación interpersonal no requiere de mediación tecnológica alguna.

Diversidad de códigos. En las situaciones de comunicación interpersonal no sólo son importantes las palabras empleadas por los sujetos; también son de vital importancia los gestos, los movimientos, los tonos de voz y los ademanes.

Comunicación orientada a los otros. Todo proceso de comunicación interpersonal requiere de la presencia de, al menos, dos participantes. Aquí se aprecia la diferencia entre este tipo de comunicación y los procesos de comunicación masiva, en los que los destinatarios forman un conglomerado anónimo y desconocido para el emisor de la información.

Diálogo. En la comunicación interpersonal, relacionado con el aspecto anterior, la comunicación adopta forma de diálogo; es decir, la transmisión es bidireccional, no unidireccional.

Actores. Con respecto de quienes participan en una situación de comunicación interpersonal, éstos han sido denominados de formas muy distintas: emisor y receptor, hablantes, interactuantes, destinador y destinatario, comunicantes, ego y alter, interlocutores, etcétera.

Mensajes. En todo proceso de comunicación interpersonal existe intercambio de información. Esta información es lo que conocemos como mensajes, mismos que se componen de datos organizados según las reglas de un código específico, compartido por los participantes.

Contexto. Por último, es importante no perder de vista el contexto en el que tiene lugar la comunicación interpersonal. El contexto hace referencia a las condiciones bajo las cuales tiene lugar la situación de comunicación. La situación comunicativa se lleva a cabo en un determinado espacio y tiempo, pero además, contiene el conjunto de normas y pautas sociales que caracterizan a ese contexto.

Los elementos anteriores dan cuenta de la complejidad del fenómeno comunicativo humano. Algo que hacemos de forma prácticamente automática, como comunicarnos cotidianamente, se convierte en un proceso complejo y minucioso. Sin duda, la comunicación es el fundamento de toda relación social. Sin comunicación no puede hablarse de sociedad.

Comunicación verbal y no verbal

Como hemos señalado en el apartado anterior, en una situación de comunicación interpersonal no son importantes únicamente las palabras, los mensajes hablados. También el **lenguaje no verbal** es importante. De hecho, este lenguaje es portador de numerosos significados que hemos ido aprendiendo a lo largo de nuestra vida. ¿Para saber que una persona está triste o enojada es siempre necesario que ésta lo haga explícito? Obviamente no. Son muchas las ocasiones en las que nos hacemos una idea acerca del estado de ánimo de la otra persona simplemente viendo su expresión en el rostro.

El ejemplo anterior permite introducir el tema de la **comunicación no verbal** y sus diferencias con la comunicación verbal. Ambas, elementos importantes para entender la comunicación intersubjetiva. En los inicios de las reflexiones científicas sobre la Comunicación, los procesos de comunicación no verbal estaban completamente desatendidos, no se consideraban importantes. Sin embargo, pronto se vio la importancia de tales procesos en las conductas y comportamientos humanos. Durante la primera mitad del siglo veinte hubo un considerable interés acerca de cómo los seres humanos se comunican a través de las expresiones del rostro. Los psicólogos realizaron muchos experimentos, pero los resultados fueron desalentadores, hasta el punto que se llegó a la conclusión de que el rostro no expresa las emociones de manera segura e infalible. Por su parte, los antropólogos señalaron que los movimientos corporales no son fortuitos, sino que se aprenden igual que una lengua.

Para dar cuenta acerca de cómo los seres humanos utilizamos el lenguaje verbal y no verbal en los procesos de comunicación, hay que tomar en cuenta varios aspectos o elementos característicos de cualquier situación comunicativa, tales como el emisor, el receptor, el mensaje, la situación y la intención comunicativa. La comunicación no verbal precede a la verbal, en el sentido que es la que aprendemos e incorporamos antes. Algunas investigaciones ponen el acento en que la comunicación no verbal juega un papel más importante que la verbal en los procesos cotidianos de comunicación interpersonal. Se suele considerar que la palabra representa el 7% del contenido total de la comunicación; el tono de voz alcanza una representatividad del 38%; y el lenguaje corporal es el elemento más importante, conteniendo por sí mismo más de la mitad de la información que se pone en juego en los procesos de comunicación.

Los componentes verbales y no verbales de la comunicación van estrechamente relacionados, no pueden considerarse de forma separada. Considerar la comunicación no verbal como un sistema implica afirmar que al comunicarnos, cada elemento no verbal es una parte en relación con cada una de las otras partes del sistema no verbal, y es a través de dicha relación que se transmite el mensaje.

Son varias las tipologías que se han establecido con respecto de la comunicación no verbal. Algunos autores consideran que la comunicación no verbal se efectúa a partir de los **índices** (traducen estados emocionales o afectivos a través de la mímica, los gestos, las posturas), los **símbolos** (suponen una cierta elaboración y construcción sociocultural del comportamiento corporal) y los **signos** (transmiten un mensaje y permiten suponer la existencia de un código común entre los interactuantes). Ejemplos de índices los encontramos en acciones como eludir la mirada, cruzar los brazos y alzar una ceja. Son símbolos pasarse la lengua por los labios para indicar que algo nos gusta o ilustrar con las manos la distancia, forma y tamaño de un objeto. Por último, los gestos de cortesía, como tender la mano o apartarse para dejar pasar a alguien, son ejemplos de signos.

En general, en toda tipología de la comunicación no verbal se distinguen los **movimientos del cuerpo**, las **características físicas de los autores**, la **conducta táctil**, el **paralenguaje**, la **proxémica** o uso del espacio, los **artefactos** u objetos físicos manipulados por los sujetos y, por último, los **factores del entorno**.

FIGURA 1.
Funciones de los significantes no verbales

FUNCIONES		EJEMPLOS
Función de comunicación	Casi lingüística	Agitar la mano para decir adiós.
	De acompañamiento	Abrir los brazos para indicar que un objeto es grande.
	Expresiva	Alzar las cejas para indicar que estamos sorprendidos.
	Impresiva	Sonreír para tratar de seducir al destinatario.
Función relacional y reguladora	Definición de la situación	Acercarse al destinatario para mostrar confianza.
	Mantenimiento de la comunicación	Asentir para mostrar que estamos comprendiendo lo que nos están diciendo.
	Regulación de los intercambios de palabra	Tender el brazo para dar la palabra al destinatario.

Todos estos elementos cumplen funciones de comunicación, relacionales o reguladoras. La figura 1 en la página anterior, sintetiza las funciones y expone algunos ejemplos ilustrativos.

Intersubjetividad y comunicación

Llegamos ahora al punto clave para entender la comunicación intersubjetiva. En primer lugar debemos aclarar qué entendemos por **intersubjetividad**. En términos sencillos, la intersubjetividad es el encuentro por parte del sujeto de otra conciencia que va constituyendo el mundo en su propia perspectiva. Constituye una característica esencial del mundo social. El aquí se define porque se reconoce un allí, donde está el otro. El **sujeto** puede percibir la realidad poniéndose en el lugar del otro, y esto es lo que permite al sentido común reconocer a otros análogos al yo.

Para comprender el concepto de intersubjetividad es importante, primero, aclarar qué se entiende por **subjetividad**. Esta última es comprendida como la conciencia que se tiene de todas las cosas desde el punto de vista propio. Los sujetos compartimos, así, nuestras subjetividades con otras personas cotidianamente. Y así se da la intersubjetividad, el proceso por el que los sujetos compartimos nuestros conocimientos y vivencias con otros. Este proceso está fundamentado en lo que denominamos **intercambiabilidad de perspectivas**, es decir, podemos compartir experiencias con otros –comunicarnos– porque podemos intercambiar nuestras posiciones con los otros, ponernos en el lugar de los otros y tratar de ver el mundo como estos otros lo ven.

Así entonces, la intersubjetividad es posible porque el mundo del sentido común permite anticipar ciertas conductas de otros para desarrollar la vida social: cuando nos dirigimos a otra persona, presuponemos que esta persona comparte con nosotros ciertos códigos. Obviamente nunca podemos tener total certeza de la conciencia de los otros con los que nos comunicamos. Sin embargo, partimos de que esos otros son parecidos a nosotros y comprenden las cosas de una forma similar a como nosotros las comprendemos. Si no tuviéramos esta seguridad, sería imposible la comunicación.

Al contrario de lo que sucede con el concepto de comunicación interpersonal, que suele asociarse a situaciones de co-presencia en el espacio y en el tiempo, los autores que propusieron hablar de la intersubjetividad como característica fundamental del mundo social entendieron que ésta no se da únicamente con personas con las que tenemos un contacto físico. Así, podemos tener relaciones intersubjetivas con **contemporáneos**, es decir, con personas con las que interactuamos en el momento presente, sean éstas conocidas o no; con **predecesores**, aquellos otros con los que ya no podemos interactuar –con quienes interactuamos en el pasado– pero cuyos actos recordamos y repetimos; y por último, con **sucesores**, aquellos con los que es imposible que interactuemos pero hacia quienes podemos orientar nuestras acciones. En el mundo de los contemporáneos existe una categoría particular de otros, los llamados **asociados**, para la que no basta solamente con el reconocimiento y la vivencia compartida. En este caso, es indispensable una relación cara a cara ininterrumpida, en la que somos capaces de conocer a tal punto a otros que podemos orientar nuestra acción hacia las reacciones que esperamos de esos otros.

Lo que debemos dejar en claro es que la comunicación intersubjetiva tiene lugar en lo que algunos autores han denominado **mundo de la vida**. Este mundo de la vida cotidiana es el que se nos muestra como evidente, el que necesariamente presuponemos como real. Nacemos en este mundo y presuponemos que dicho mundo existió antes que nosotros y seguirá existiendo después de que ya no estemos. En este mundo, los humanos que nos comunicamos cotidianamente, permanecemos en lo que denominamos **actitud natural**. Desde esta actitud, somos conscientes de la existencia corpórea de otras personas con conciencias similares a las nuestras y con formas similares de dar sentido a las cosas. Es también con esta actitud que entablamos relaciones intersubjetivas, relaciones recíprocas que nos permiten hacernos entender y entender a los otros.

Pese a que la intersubjetividad es la base del mundo social, es importante no perder de vista que el hecho de concebir a los otros como personas dotadas de conciencias similares a las nuestras no implica el que todos seamos iguales ni actuemos desde el mismo lugar simbólico cuando nos comunicamos. Aquí es importante mencionar dos conceptos: la situación biográfica y el acervo de conocimiento. La **situación biográfica** hace referencia al comportamiento específico de cada individuo. Es decir, cada uno de nosotros llevamos una secuencia específica en nuestras vidas y esta especificidad hace que interpretemos el mundo de una u otra forma en función de nuestros intereses, motivaciones, ideologías y contextos particulares. De alguna manera, nuestra situación biográfica determina o condiciona nuestra forma de actuar. Veamos un ejemplo. En la ciudad de México, muchos de nosotros recorremos largas distancias para trasladarnos de un punto a otro, a lo que dedicamos parte del tiempo de nuestra vida diaria. La ciudad de México es la misma, es una ciudad de México. Sin embargo, ante este problema del tráfico y las distancias, una persona que esté acostumbrada a ello no se sorprenderá y dará por sentado que "así es aquí", mientras que una persona que venga de una zona rural, de un pueblo pequeño, se verá sorprendida por la distancia recorrida y el tiempo invertido. Es decir, la ciudad es la misma, pero las lecturas que hacemos de ella, y las vivencias que en ella experimentamos, son distintas dependiendo de cuál haya sido nuestra trayectoria vital, nuestro espacio de socialización, nuestro entorno próximo cotidiano.

Por otra parte, el **acervo de conocimiento** es aquello de lo que disponemos los sujetos y está integrado fundamentalmente por tipificaciones del mundo del sentido común, es decir, por situaciones que nos son familiares. A lo largo de nuestra vida, incorporamos y acumulamos una gran cantidad de indicaciones, que luego utilizamos como técnicas para comprender o por lo menos controlar aspectos de nuestra experiencia cotidiana. Es difícil imaginar que cada día tuviéramos que reaprender todo lo que sabemos con el fin de movernos sin problemas en la vida diaria. Sin duda alguna, el acervo de conocimiento nos permite habitar el mundo actuando de forma casi automática ante los hechos cotidianos que experimentamos.

Comunicación, interacción e intersubjetividad

Todas las acciones sociales conllevan comunicación, y toda comunicación se basa en los actos que ejecutamos para comunicarnos con otros. Es decir, actuamos e interactuamos sobre la base de que los otros interpretarán nuestras acciones de la forma como nosotros esperamos que éstas sean interpretadas. Cuando tiene lugar una comunicación en la que los partícipes comparten el espacio vivido, se lleva a cabo una **relación cara a cara**. En esta relación, cada sujeto es también un elemento del ambiente del otro; ambos participan en un conjunto de experiencias comunes del mundo externo en el que pueden insertarse los actos ejecutivos de cualquiera de ellos.

La intersubjetividad requiere de interacción, y en toda situación de interacción se produce un contacto intersubjetivo. Ambos conceptos son, por tanto, interdependientes. Cualquier forma de interacción social tiene su origen en las construcciones referentes a la comprensión del otro. Por simple que sea, cualquier interacción entre sujetos presupone una serie de construcciones de sentido común; en este caso, se construye la conducta que un sujeto prevé de otro, y viceversa. Así, cuando nos relacionamos con los otros siempre tenemos, a priori, una cierta construcción de ese otro, por simple y sencilla que sea dicha construcción.

Como se puede observar, el concepto de interacción social incluye de alguna manera a todos los anteriores. Es decir, en cualquier situación de encuentro con otros, cargamos un acervo o repertorio de conocimiento disponible, mismo que emerge de nuestras experiencias pasadas, y que incluye lenguajes y en general cualquier forma de tipificación —roles, expectativas, estereotipos— que hace posible que nos comuniquemos con los otros. Dicho de otra forma, cuando interactuamos con otros bajo el telón de fondo de la intersubjetividad, intercambiamos conocimientos de sentido común, significaciones, de todo aquello que nos rodea en el mundo de la vida cotidiana.

La comunicación intersubjetiva y lo humano

A lo largo de este capítulo hemos podido ver cómo la comunicación es un fenómeno intrínsecamente ligado a la existencia del ser humano, por lo tanto, la comunicación intersubjetiva es un fenómeno exclusivo de la vida cotidiana y no puede darse en otras esferas trascendentales de la vida. Su naturaleza básica es el **vínculo**, la comunicación entre semejantes. Comprendernos con los otros es posible porque existen relaciones de mutuo entendimiento, ambientes comunes comunicativos que se dan principalmente en las relaciones cara a cara. Y también, para lograr la **comprensión**, es necesario que conozcamos no sólo la materialidad de los mensajes que nos están siendo comunicados sino también conocer algo de las personas que los están emitiendo.

Por medio de la comunicación intersubjetiva las personas superamos la experiencia de la trascendencia de los otros. Es decir, el hecho que nos comuniquemos con otros debe partir de nuestra presunción de que esos otros son personas similares a nosotros y con experiencias similares a las que nosotros vivimos. De alguna manera, la comunicación intersubjetiva implica una suerte de **sintonización** de unos con otros.

En síntesis, la comunicación es una acción que se dirige a otro. Por ello, la comunicación sólo puede darse en el marco del mundo de la vida cotidiana, un mundo fundamentado en la existencia de relaciones intersubjetivas, donde nosotros y los otros compartimos experiencias, vivencias y conocimientos. Donde nosotros y los otros, al fin y al cabo, vivimos y construimos juntos un presente común.

Génesis de la comunicación intersubjetiva

Marco Millán Campuzano

Cualquiera de nosotros, en la vida cotidiana, ha tenido expresiones del tipo: "todo es subjetivo", "cada cabeza es un mundo", "en gustos se rompen géneros" y algunas otras por el estilo, que determinan un modo de pensar que, lo sepamos o no, ha sido acuñado, hace mucho tiempo –desde el siglo diecisiete para ser precisos– en la historia de las ideas filosóficas de la Europa Moderna. Cada vez que un grupo pretende discutir un tema que le resulta interesante o relevante o que, incluso, le afecte, es muy común hacer pasar las opiniones como expresiones relativas a una verdad, que cada quien dice, como presuponiendo que en la expresión de su punto de vista hay algo de verdadero o, como también suele decirse, de válido. "Todas las opiniones son válidas", se dice y así parece quedar por sentado que "cada cabeza es un mundo" o "que sobre gustos no hay nada escrito" y que, por tanto, cada sujeto, hace valer su subjetividad, pero ¿estamos seguros de lo que queremos decir con **subjetividad** cuando la entendemos de este modo?

La **subjetividad** está vinculada a la **intersubjetividad** en más de un aspecto. Sujeto es equivalente a decir yo, como un modo de referirse a sí mismo. En filosofía el término empleado para el caso es **ego**. Así, por ejemplo, cuando decimos de una persona que es muy egoísta, inmediatamente sabemos que nos referimos a que es una persona muy dada a sí misma.

También cuando decimos de una persona que tiene el "ego muy grande", estamos indicando que esa persona es muy individualista o que hace las cosas sólo en su beneficio. En la historia de la filosofía ese término empezó a ser frecuente en el siglo diecisiete con las obras del francés René Descartes, cuya conocida frase indicaba: "Yo pienso, luego existo", lo que quiere decir que el yo puede dudar de todo lo que le rodea y eso es sano y permite una actitud atenta a las cosas, pero de lo que no puede dudar es de aquel que duda, es decir de sí mismo. La conciencia de sí mismo comenzó a ser importante desde entonces, por eso tal vez, desde aquella época, uno se refiera a sí mismo siempre pensando en términos de sujeto, de individuo, de persona única. ¿Qué consecuencias ha tenido ese modo de pensar para nuestras relaciones personales? ¿Tiene el ego algo que ver con, por ejemplo, el incremento de las adicciones de diverso tipo tan lamentablemente vigentes en nuestros días? Dejemos abiertas esas cuestiones por el momento, sin olvidarlas, porque de alguna manera volveremos a éstas y a otras más adelante.

Notemos que detenernos en el término de **subjetividad** antes que en el de **intersubjetividad** es porque para comprender a cabalidad la cuestión que nos ocupa, es menester primero aclarar uno y luego el otro para mostrar su dependencia histórica y filosófica. Abundemos un poco más en ello, bajo la siguiente idea que debe tenerse presente: para comprender lo que es **intersubjetividad** es necesario considerar el término de **subjetividad**.

Para una comprensión más completa y clara se hace necesario remitirnos brevemente al origen de esos términos. Veamos, **sujeto** es un concepto que proviene del antiguo mundo filosófico de los griegos, *hipo-keimenon* (*hipo*=sub, *keimenon*=lo que yace ahí), que podría ser traducido como lo que sub-yace a manera de una sub-stancia, es decir lo que subyace ahí siempre, lo que está ahí siempre siendo, la substancia de algo.

Heidegger señala que *hipo-keimenon* es lo que yace ante nosotros y que, como fundamento, reúne todo ante sí. Como cuando decimos que algo es substancial, esencial a algo que es como es y así está frente a nosotros. Para Aristóteles eso hacía referencia a la naturaleza en tanto materia, así podríamos decir que el cambio y el movimiento subyacen en los entes naturales, por ejemplo, en las estaciones del año como primavera, verano, otoño, invierno, les son substanciales a la materia, por eso podemos decir que el movimiento le es esencial a la naturaleza, la cual cambia, sí, pero sobre lo sustancial que permanece invariable: el movimiento. Esa antigua forma de nombrar lo subyacente se convertirá en el mundo latino en el concepto de *subjetum*.

Para la escolástica medieval lo substancial, *subjetum*, lo que subyace ahí como definiendo todo, está contenido en la palabra dios. El concepto de 'dios' es un concepto delicado que hay que agarrar con pinzas, no obstante, podemos intentar explicarlo en el marco del tema que nos ocupa. No es difícil pensar que si, como se dice, "dios está en todas partes", eso nos lleve a suponer que dicha expresión ya presupone que la substancia que todo lo dirige, que todo lo ordena, que todo lo posibilita es, precisamente, dios. La idea de dios era la sustancia común animadora a todo lo que nos rodeaba. "Dios" es el *subjetum*, la substancia primordial y por ejemplo, el ser humano para el Medioevo no es un "sujeto" autónomo, individual y único, sino es una criatura de dios, hecha a su imagen y semejanza. Nótese que la idea de un *subjetum*, como sujeto-individual-egoísta, aún no aparece, pero pronto surgirá. ¿Bajo qué formas aparece esa idea de *subjetum* como individuo, como sujeto individual, como sujeto egoísta?

El Renacimiento, la conquista de América y la revolución copernicana, son al menos tres sucesos importantes que marcaron el rumbo que tomaría el concepto de *subjetum* para la moderna comprensión del mundo. Para el pensamiento moderno científico lo más relevante era la certeza de las matemáticas porque con ellas se podría crear modelos de representación de la naturaleza y formular las leyes que la gobernaban. Al final del Medioevo, aproximadamente entre los siglos quince y dieciséis, se sustituyó la idea de dios como la substancia única que todo lo controlaba, por la idea de 'certeza' que todo lo explicaba. El *subjetum* del pensamiento moderno comenzó a ser conformado por la 'certeza' de los cálculos precisos de las representaciones científicas de la naturaleza. Lo subyacente a todo era la razón matemática, porque desde entonces se pensó que la naturaleza podría ser descifrada en el lenguaje de las matemáticas por la suposición de que los cuerpos físicos se cifran y descifran en cálculos exactos, certeros, precisos y repetibles. Y es aquí, pero ya entrados en el siglo diecisiete, que aparece Descartes con la idea de que el hombre pensante (*ego cogito*) es aquel que es capaz de hacer uso de las matemáticas para llegar al conocimiento racional. El único que es capaz de la certeza (*subjetum*) a través del cálculo matemático es el hombre (*ego*), y así se va a sumar la idea de *certeza* a la de *ego*. De esta manera aparece una importante división que continúa hasta nuestros días: la materia (objeto) y la mente-cuerpo (sujeto). Y aparecen, como es notorio, los conceptos ya siempre unidos desde entonces, de **sujeto-objeto**. El sujeto es la cosa pensante (*res cogitans*) y el objeto la cosa material pensada (*res extensa*). El sujeto cobra autonomía con respecto del objeto y con ello toma un papel relevante porque se empezará a hacer frecuente la idea de que el *subjetum*, la sustancia primordial, es el sujeto, es decir, el individuo, el ego.

La modernidad se apropió de tal manera de la idea de **sujeto**, que desde que se engendró en las entrañas del siglo diecisiete europeo, y a lo largo del tiempo desde entonces, ha sido la categoría filosófica más notoria de toda una época: comprender al sujeto como hombre, como persona humana, como individuo o como ego. Ello puede constatarse asomándose a las ideas de pensadores tan notables como Newton, Leibniz, Hume, Kant, Hegel y Husserl, entre otros. Estos mismos, científicos y filósofos, van a sentar las bases y fundamentos de sus sistemas de ideas (filosofía) en la categoría central de *sujeto*. Desde luego que ningún concepto adquiere notoriedad por sí mismo, sino por la fuerza con que se recoge institucional y socialmente, por ejemplo, si se considera que el hombre tiene autonomía y libre albedrío, lo mismo que capacidad de juicio propio y libertad de elección, entonces hacen falta instituciones en las cuales se reflejen esas ideas y por esa razón no se trata de un simple concepto filosófico sino de un término con el que se hacen cosas. Las revoluciones de los Estados Unidos de América, la francesa del siglo dieciocho, la ilustración, el enciclopedismo, la libertad de expresión y muchos otros movimientos e ideas, sólo se pusieron en marcha desde la posibilidad de considerar al ser humano un sujeto, como individuo libre, autónomo y equitativo. No olvidemos que el nacimiento de las ciencias sociales es tan tardío como el siglo diecinueve y que se debe mucho a la noción de **sujeto** como eje de sus formulaciones teóricas.

Considerar al ser humano como centro autónomo y sus obras como representaciones de sí mismo, al paso del tiempo, acarrearía inconvenientes. En el plano de la ideas, y ya desde la segunda década del siglo veinte, hubo un giro en el enfoque de las posiciones teóricas y filosóficas puesto que el centro de atención se desplazó del **sujeto** al **lenguaje**. Ese cambio de perspectiva otorgó relevancia a la capacidad de interrelación entre los seres humanos a causa del lenguaje, bajo la consigna de que nadie tiene un lenguaje propio ni privado ni mucho menos individual o **subjetivo**, sino que el lenguaje es compartido y común, es decir, **intersubjetivo**. Los estudios acerca de la comunicación, que aparecerán poco más tarde, deben mucho a ese giro lingüístico que desplazó al sujeto hacia la intersubjetividad del lenguaje.

En el ámbito social comenzaría a evidenciarse –y en esto los medios de comunicación jugarán un papel importante para bien y para mal– que el individuo genera individualismo, que el ego convierte a las personas en modernas versiones de narciso y que la autonomía y libre albedrío dan paso a una autoexperimentación con uno mismo sin límites, bajo la lógica de la intensificación de experiencias propias y únicas, aunque únicas sólo en apariencia. La aparición de la energía atómica y sus usos, hará necesario cuestionarse si la ciencia y la técnica además de beneficios innegables, no acarrean también problemas graves no sólo para un individuo, sino para una colectividad, es decir, problemas planetarios: crisis ecológica, alimentaria, poblacional.

La aparición de la cibernética y de las tecnologías de la información merece una mención, al paso, en relación con nuestro tema. ¿Qué vínculo puede existir entre la aparición de las computadoras y la subjetividad? Pareciera que ninguno, pero no es así. Cuando el énfasis de explicación de las cosas pasó de tener como centro al sujeto para tener al lenguaje como centro, algo persistió de aquel en la lógica de construcción de las máquinas y en su lenguaje sintáctico-semántico. Lo que se mantuvo de la subjetividad, a pesar de que ya estaríamos a mitad del siglo es la idea de que el cerebro humano actuaba como un dispositivo que procesa información de manera lógica y mecánica (de hecho esa idea sigue teniendo muchos seguidores).

La idea de un cerebro mecánico que se rige por una lógica compleja es, precisamente, la idea que busca justificar al sujeto desde una determinación individual de su supuesta mente mecánica y es, asimismo, la idea central en que se fundamenta la cibernética como teoría de la información. Recordemos al respecto que la información es una unidad de medida que proporciona datos supuestamente 'objetivos' para tomar decisiones que se cuantifican.

Tampoco debemos olvidar que durante mucho tiempo se tomaron como sinónimos los conceptos de información y de comunicación, lo cual da una señal inequívoca de que el paradigma de la subjetividad se negaba a retirarse (de hecho aún se sigue negando a hacerlo) quizá. Aquí vale la pena recordar que el concepto de comunicación del latín *communicatio-onis,* o acción de comunicar, siempre estuvo ligado al de comulgar *communicare,* es decir al hecho de coincidir en ideas o sentimientos con otro, y que la introducción de la electricidad, el ferrocarril y diversos medios de trasporte, fueron orientando su sentido original hacia el de **información** como intercambio práctico de mercancías, datos, transportes, soportes técnicos. No obstante también en ese terreno ha aparecido la intersubjetividad poniendo en duda la certeza de que el cerebro humano procesa información como una máquina, trasladando el predominio de la semántica o el significado de las palabras y la sintáctica o el orden de las palabras entre sí, según reglas gramaticales de una lengua, a la consideración de un predominio del lenguaje en el orden de la pragmática, del uso efectivo del lenguaje en una comunidad humana. Hasta ahora, lo que se llama inteligencia artificial, usa el lenguaje sintáctico-semántico en la programación; es decir, que los *softwares* aún se construyen bajo la idea de un cerebro mecánico que procesa información individual –a pesar de las interfaces–, pero todavía no usa la pragmática, más vinculada con la intersubjetividad efectiva y real en la que nos hallamos inmersos todos los días y en la que se considera que el conocimiento del cerebro ya no es mecánico ni individualista, sino colectivo y pragmático.

Volviendo a nuestra ruta podríamos enfatizar lo siguiente: cuando las ideas históricas y filosóficas se centraron en el **sujeto** en el siglo diecisiete, la idea que prevaleció era la del individuo como forma de egocentrismo, donde todo se explica en torno del hombre como centro del universo, pero cuando se cambió la perspectiva y se suscitó un giro que consideraba al **lenguaje** como un vínculo indisociable de nuestro modo de ser humanos en el siglo veinte, se entró al terreno de la **intersubjetividad**. Ya no se trataba de considerar al lenguaje como una herramienta particular o privada, desde la que cada uno, en su individualidad, accede al mundo, sino que por el contrario, nuestro modo de acceder al mundo es colectivo desde el lenguaje que es intersubjetivo, es decir, común y compartido.

En la intersubjetividad aparece el **otro** de manera relevante y fundamental. Octavio Paz dijo en su poema *Piedra de Sol*:

...para que pueda ser he de ser otro,
salir de mí, buscarme entre los otros,

los otros que no son si yo no existo,
los otros que me dan plena existencia...

La **intersubjetividad** supone algo más que la comunicación entre individuos, supone que si hay comunicación es porque hay lenguaje y éste es, siempre, intersubjetivo. Sólo podemos saber lo que somos desde la diferencia del **otro**. No hay modo de hacer introspecciones para saber quién es uno, porque el único modo sensato de averiguarlo es enfrentándose a lo distinto, a lo **otro**. La idea de que "cada cabeza es un mundo", bien observada, parece reiterar la idea de que al final de una conversación no prevalecerá nada sino el desacuerdo que se ampara en formas veladas de rehuir lo otro. Notemos que cuando decimos "todo es relativo" o "cada cabeza es un mundo" eso parece funcionar para evitar dar explicaciones, o por no encontrar las palabras adecuadas o para entorpecer un debate y, en el fondo, para esquivar el juego del lenguaje desde el que se funden las diferencias, pero desde el cual también, se generan acuerdos. La subjetividad del "todo depende del punto de vista", parece operar como gran barrera de comunicación tras un solapamiento a la manera que decimos en México que alguien "nos dio el avión".

La reflexión acerca del lenguaje hizo notar que la intersubjetividad presupone la subjetividad, pero no viceversa, porque cuando aclamamos nuestra individualidad, nuestra autonomía, nuestra valía propia, la estamos suponiendo, ya siempre, desde el hecho innegable de que hay otros ahí, que me preceden y que me constituyen: las instituciones públicas y privadas-personales, lo social, la esfera de la cultura, un sistema político, etcétera. Por lo tanto, la intersubjetividad originaria determina la constitución de la subjetividad singular y por esto la intersubjetividad no es simple suma de subjetividades sino **comunidad intersubjetiva** y, decir comunidad, es señalar siempre hacia la comunicación.

La comunicación es una acción intersubjetiva que supone que el lenguaje es una plataforma común a todos y que desde ésta se accede, simultáneamente, a un mundo subjetivo, a uno objetivo y a uno social. Pero no solamente accedemos simultáneamente a esas instancias; cuando ejercemos una acción comunicativa presuponemos que, para darnos a entender con otros, los reconocemos como iguales, racionales y capaces de sostener ideas con el propósito de hacer visible su propio horizonte de sentido, es decir, su propio mundo de vida intersubjetivamente compartido.

Un mundo intersubjetivamente compartido implica, también, responsabilidad ante problemas comunes que afectan a una mayoría humana, a la naturaleza y a los animales. Hoy en día asistimos a eventos como la contaminación ambiental, la hambruna, la crisis de energéticos, entre otros, que no pueden ser atendidos desde perspectivas de individualismo, desde la subjetividad, precisamente porque afectan intersubjetivamente sin que importe la perspectiva ante la vida que se tenga de manera particular. Por ejemplo, la atención a conflictos que se sitúan más allá de relativismos teóricos y prácticos no debería de depender de nuestras creencias particulares ni de nuestro punto de vista individual.

Los medios de comunicación y las tecnologías de la información no sólo permiten visualizar cada vez más nítidamente un mundo que se contrae acortando distancias y tiempos, sino que nos revelan un mundo donde la intersubjetividad es una realidad multicultural y donde florece un pluralismo ontológico; es decir, diversas formas, todas ellas válidas, en que las diversas comunidades humanas se encuentran con el Ser. Los medios también nos revelan la necesidad de una ética de dimensiones planetarias que no se ajuste a tal o cual religión sino a principios de validez universal que sean intersubjetivamente compartidos sin coerción alguna. En una ética de tal magnitud no hay lugar para la **subjetividad** sino que cada vez es más indispensable la ética de la **intersubjetividad**.

La comunicación intersubjetiva y los estudios de la Comunicación

Manuel de Jesús Corral Corral

La sociedad mundial atraviesa momentos difíciles. El calentamiento global y la situación permanente de guerras con sus efectos devastadores han puesto en peligro no sólo la vida de la especie humana sino también la de su soporte físico: la naturaleza. Se habla, por ello, de una sociedad en riesgo. Pero no sólo eso. El riesgo viene también por el aflojamiento de las relaciones interhumanas que permite hablar de una disminución sensible de la comunicación.

En las relaciones humanas priva hoy el "sálvese quien pueda" y "que hable yo y el otro u otra se limite a escuchar lo que yo digo". Con tales actitudes y comportamientos se reduce el espacio para el ejercicio de valores tales como el reconocimiento y el respeto mutuos, la simpatía, la confianza, la gratuidad. En tales circunstancias, la condición humana se desgasta, su dignidad sufre una mengua.

Imprecisión del vocablo

El individualismo al que empuja el sistema social, cuyos motores son el lucro y el éxito económico, conduce a que cada cual se encierre en su fortaleza. Ahí atrincherado, el sujeto se ejercita en el competir y no en el compartir. Unos y unas tienen que ganar, otros y otras tienen que perder. Se rompen así los lazos societarios y comunitarios. Con esto, parecería que los seres humanos tienden a desaparecer como archipiélagos para constituirse en islas. Es el camino directo a la desesperanza y al vacío existencial.

En ese contexto la Comunicación se ha propuesto como una tabla de salvación. Aunque el vocablo comunicación se lleva y se trae sin un significado preciso; nadie sabe bien a bien qué se quiere decir con él; es utilizado, sin mayores acotaciones, en la cotidianidad y por disciplinas tan diferentes como las ciencias naturales y sociales, la informática y la cibernética, la geografía y la urbanística, la ingeniería y la religión, y más aún por el periodismo, además de otras técnicas utilizadas en empresas, en grupos de autoayuda, en cursos y talleres de superación personal. De ahí que con frecuencia al hablar de comunicación lo primero que viene a la mente son dos cosas:

a. El uso de las palabras que la hacen posible y,
b. Los medios de difusión masiva llamados de comunicación.

Basta, sin embargo, con leer un texto lineal o ver un programa de televisión acerca del origen y desarrollo de la vida humana para caer en la cuenta de ese error.

En el principio fue el cuerpo

Aunque el uso de la palabra es la forma más comúnmente utilizada en la comunicación, eso no quiere decir que sea la única, y, por otra parte, aunque una persona hable mucho no necesariamente se comunica mejor. La palabrería no cura la desesperanza ni llena el vacío existencial. ¿Qué hacer entonces? ¿A dónde volver la mirada?

Desde el inicio del proceso evolutivo de las especies animales, los homínidos tuvieron necesidad de decirse algo los unos a los otros. Aquellos homínidos no tenían suficientemente desarrollados los órganos de la fonación para articular las palabras y, sin embargo, expresaban ya y compartían entre ellos con plasticidad e intensidad su mundo interior de pensamientos-razones para llegar a acuerdos o desacuerdos y de sentimientos-emociones para expresar sus amores o desamores. Se valían para esto de los movimientos corporales: la reacción de sorpresa y admiración ante los fenómenos de la naturaleza, la creciente capacidad de discriminación de los elementos nocivos y benéficos para su alimentación, la selección de su indumentaria y adorno de la exterioridad de su cuerpo, la brusquedad inicial, y hasta violencia, todo era ya una expresión en germen de su potencial comunicativo.

Ese germen del potencial comunicativo era compartido y vivido en actividades cotidianas que implicaban a la totalidad del grupo; y mediante sus relaciones le daban cohesión. La danza, el canto, el rito, el culto a sus deidades y el mismo trabajo en comunidad; expresiones corporales y no verbales, estaban en la base de los primeros y verdaderos medios de comunicación. Permitían una relación realmente intersubjetiva pues en dichas actividades todos los sujetos-cuerpos implicados en la relación se comportaban activamente, con su movimiento y cercanía, como emisores y perceptores.

Más tarde, una vez que los hombres y mujeres aprendieron a domesticar y dominar los elementos de la naturaleza; y cuando alcanzaron el desarrollo pleno de su cerebro y de sus órganos de la fonación, aprendieron también a emitir sonidos articulados. Apareció la **palabra** para nombrar las cosas y dar un sentido al mundo y a la vida de los individuos y grupos. A partir de entonces, en el curso de la civilización se ha conferido un mayor peso y uso a la comunicación verbal y esto ha llevado a prestar menos atención a otras formas de comunicación con la misma o parecida eficacia. Formas tanto o más eficaces que aquella, aunque quizá también menos desarrolladas. La comunicación apareció, así, con la historia. Desde entonces no hay individuo ni grupo o sociedad –y menos aún comunidad– que se sostenga sin comunicación.

Esa fue la comunicación primera: de base somático-sensitiva y, en su momento, con el mayor desarrollo de la conciencia, de base racional o verbal. En ese sentido, primero fue la vida humana, y sus vivencias, que se fue manifestando, al ritmo de la evolución, en relaciones y procesos, cada vez más complejos. La comunicación estaba fuertemente ligada a la vida misma. Por eso conviene hacer notar que aun las primeras civilizaciones avanzadas carecían de una palabra específica para designar la vivencia de las relaciones y procesos intersubjetivos, que ahora se considerarían comunicativos; pues éstos eran vivenciados como una actividad imbricada en, y resultante de, el conjunto de actividades desplegadas por el grupo.

¿Comunicación intersubjetiva o comunicación tecnológica?

Simultáneamente a la comunicación que nace con la historia fueron apareciendo sucesivamente, en el curso de ésta, diferentes medios artificiales para ampliar el potencial humano del cuerpo: palabra, escritura, imprenta. Hasta llegar a nuestros días. En Occidente, la aparición de la tecnología mediática, al llegar el siglo veinte, irrumpió en la sociedad de masas previamente consolidada, y reforzó, como nunca antes, los procesos sociales que en ella se verificaban. Se inicia con esto la que, en el mejor de los casos, se llamaría la **comunicación segunda**. Bajo la presión de ese refuerzo del poder tecnológico, en cuyo uso predominan los criterios utilitarios, se ha fijado como prioridad, en la mente de los individuos y de los grupos sociales, atender a los procesos mediáticos o de la llamada comunicación tecnológica. Con esto, la vivencia de la comunicación intersubjetiva ha ido siendo desplazada y disminuida.

La evidencia que arroja el uso utilitario de los medios es que no sólo no se requieren medios tecnológicamente muy sofisticados para comunicarse mejor; antes bien, con frecuencia esos medios anulan la relación directa y presencial, y pueden obstaculizar la verdadera comunicación. Sobre todo cuando en ellos se priorizan y buscan otros objetivos que no sean los propiamente comunicativos. ¿Qué pasa, en efecto, en la realidad? Hoy por hoy resulta, un contrasentido el emitir y recibir palabras, y estar rodeados y usar los medios tecnológicos avanzados como internet, la nueva generación de celulares, los ipods y, al mismo tiempo, experimentar la sensación de vivir en una soledad patológica o enfermiza. El uso actual de la televisión, por ejemplo, ¿ayuda a estrechar los lazos familiares o de amistad en los grupos familiar, escolar, eclesial, laboral?

Situaciones graves tales como maltrato intrafamiliar, violencia contra la mujer, expresiones racistas y clasistas, elevada tasa de suicidios, neurosis, alcoholismo, drogadicción y conductas delictivas, se han convertido en problemas de salud pública y, aunque de origen multifactorial, encuentran explicación en la saturación de contenidos de la programación mediática que refuerza la conformación de una sociedad enferma por la ausencia de mecanismos adecuados de comunicación de tipo institucional.

A lo anterior habría que añadir un elemento extramediático; el racionalismo presente en los sistemas educativos –abiertos, cerrados y mediáticos– ha venido formando a los niños y niñas así como a los jóvenes en el cultivo de la razón en perjuicio de la educación de las emociones y de los afectos. Se registra así un marcado desequilibrio entre los dos hemisferios cerebrales. La razón se ha convertido en fría y calculadora. En las relaciones interhumanas no siempre son bien vistas las expresiones de los afectos sinceros ni la calidez del abrazo ni la palabra tierna ni las miradas de simpatía y compasión ni se entienden la gratuidad y la acción desinteresada, expresiones todas de comunicación intersubjetiva. Pero sin estas y otras manifestaciones los sujetos se desfiguran y, por presión o represión, se reduce su potencial comunicativo. Las insuficiencias de la educación han de ubicarse, por supuesto, en el contexto sociocultural que la condiciona. Pero se hace necesario iniciar acciones educativas al margen o por encima de esos condicionamientos.

Rescate del sujeto-cuerpo por la educación

Vista desde el presente, a la **comunicación primera** se le podrían asignar las siguientes características: parte de la vivencia misma de las relaciones interhumanas; implica la participación de los sujetos-cuerpo; éstos se conciben a sí mismos como autónomos y activos; exige reciprocidad y bidireccionalidad en la emisión-percepción del mensaje; la relación comunicativa produce efectos terapéuticos en el grupo y permite el entendimiento mutuo y la convivencia. No pretendo decir con esto que esta forma de comunicación sea la expresión natural de los seres humanos, pero sí una expresión histórica que ha dejado huella.

El desplazamiento del valor humano de la comunicación primera, base de lo que denominamos **comunicación intersubjetiva** y del sentido político de su vivencia, ha propiciado el aflojamiento de las relaciones interhumanas con las consecuencias socioculturales antes señaladas, el empequeñecimiento de la condición humana del sujeto.

¿Cómo y por qué caminos reintentar colocar en el centro la comunicación primera para humanizar la vida? Por lo pronto, de lo anterior se puede desprender la urgencia de una educación para la comunicación. En este sentido, habría que tomar en cuenta, por una parte:

a. La condición del sujeto como cuerpo y el despliegue simultáneo de su exterioridad-interioridad y, por la otra,
b. Las características de la comunicación primera como vivencia, independientemente de los medios que se utilicen para su práctica. Una palabra al respecto:
Las interacciones recíprocas recogen y expresan al sujeto completo. Los sujetos son cuerpos que por su misma estructura tienen una disposición para la comunicación. En las relaciones cotidianas de sujeto a sujeto –o de persona a persona– el cuerpo que éstos son habla a través de todos sus componentes externos como los sentidos, pero también a través de sus elementos internos como lo son memoria, inteligencia, voluntad, pensamientos, sentimientos, razones, emociones, sin olvidar la carga de afectos de que son portadores. Elementos externos e internos que los sujetos-cuerpo llevan consigo adondequiera van, que actúan sin que con frecuencia lo adviertan y cuya fuerza es mayor o menor dependiendo de la coordinación que logren en su desarrollo.

Todos estos elementos, por otra parte, tienen su sede en el cerebro. El cerebro como órgano regulador de las acciones y pasiones de los sujetos-cuerpos. Acciones y pasiones que, en función de una mayor y mejor comunicación entre sujetos, han de expresarse unitariamente sin sacrificar por ello la diversidad de la función propia de cada uno de los elementos que los constituyen.

La **comunicación primera** es el fundamento del edificio humano, individual y social; permite el arropamiento de los sujetos entre sí, como el estrechamiento de los vínculos humanos y como la construcción de comunidad. Con esto último, sin ignorar las contradicciones que se juegan en la realidad, la comunicación primera o **intersubjetiva** está en la base de la dignidad de la **vida** humana, individual y social en la medida en la que, en presente progresivo, los sujetos individuales la van vivenciando conscientemente y, educación de por medio, van encontrando en ella elementos válidos para el despliegue de su potencial biológico, sensitivo y comunicativo; de la capacidad de reconocimiento de su **identidad** en relación con la identidad de los **otros** y del **sentido de pertenencia** a diferentes grupos; de las posibilidades terapéuticas de la comunicación ante los **conflictos personales**; recuperación de la palabra en el **espacio privado** para expresar sus pensamientos y sentimientos, sus razones y emociones. Encarnadas en sujetos vivos, las relaciones de comunicación dejan de ser, desde ahí, una esencia inmutable y empiezan a manifestarse o aparecer con toda su fuerza en sus prácticas concretas de sujetos-cuerpo de carne y hueso que piensan y sienten, razonan y se emocionan, gozan y sufren, ríen y lloran, comen y excretan, sueñan, protestan y luchan.

Los sujetos colectivos se van dando cuenta de que, ante los conflictos sociales, que surgen de las contradicciones inherentes a la vida misma en sociedad, o en cualquiera de las instancias socializadoras, y a pesar de, o justamente por, esas contradicciones, la comunicación intersubjetiva ofrece una alternativa racional como posibilidad de encuentro entre los sujetos, para el entendimiento mutuo y, con ello, para la convivencia humana civilizada.

Adicionalmente, los sujetos colectivos se van sintiendo motivados a romper con la cultura de la mudez, a no verse impedidos por la fuerza del actuar cotidiano, y a participar en el espacio público en la búsqueda y exigencia de solución de los problemas que afectan a todos y a todas. En ese sentido, la comunicación primera, o intersubjetiva, vivenciada por los sujetos colectivos y expresada en los signos de la calle, adquiere o recupera su dimensión de fuerza social movilizadora con miras al avance de la democracia.

Comunicación intersubjetiva y Ciencias de la Comunicación

Siquiera fuera por las razones antes señaladas, y sin duda habrá otras, la comunicación primera o intersubjetiva debería ser imprescindible e insustituible como objeto de reflexión y estudio en general, en las currículas de los diferentes niveles educativos con miras a educar para formar sujetos-cuerpo capaces de establecer relaciones de comunicación dialógica, simétrica y libre con la finalidad de construir una sociedad dialogante con lazos comunitarios que permita a los sujetos-cuerpo pasar de la mera coexistencia a la convivencia social en específico, en los planes y programas de estudio de la disciplina Ciencias de la Comunicación y otras denominaciones, así como en las investigaciones propias del campo, con el objeto de educar para la formación de profesionales que, como ciudadanos y ciudadanas, asuman responsablemente el compromiso, en el ámbito de su competencia, de hacerse cargo y dar cuenta de la realidad individual y social.

En cuanto al objeto de estudio de la comunicación primera o intersubjetiva, ésta debería plantear como aprendizajes específicos, en relación con las Ciencias de la Comunicación, todo aquello relacionado con la defensa y promoción de los derechos de la naturaleza y de los derechos humanos. Es decir, la defensa y la promoción de la **vida**. Sería entonces una disciplina de base ética eco-humanista. Eso implicaría la aceptación por parte de los sujetos-cuerpo, de al menos tres **principios** que definieran sus actitudes y comportamientos:

1. Congruencia. Referente a la correspondencia entre lo que se piensa, se siente, se dice y se hace.
2. Reconocimiento. En relación con el otro o la otra con los mismos derechos, por encima de –o justamente a causa de– sus diferencias.
3. Empatía. Relativo a ver y considerar al otro o a la otra no como un potencial adversario y menos aún como un enemigo, sino como amigo.

La carencia o ausencia de esa comunicación primera o intersubjetiva, con recurso a signos verbales o no verbales, no puede sino conducir a actitudes y comportamientos anómalos e irracionales. Se rompe así cualquier posibilidad de *encuentro* entre los sujetos-cuerpo, con la consiguiente pérdida de oportunidades para el entendimiento mutuo y, con ello, para la convivencia humana civilizada. Sólo una base ética fundada en la responsabilidad de los sujetos-cuerpo autónomos puede abrir paso a una comunicación dialógica, simétrica y libre capaz de hacer que éstos:

- Asuman actitudes y comportamientos responsables ante conflictos que van de la esfera cotidiana como la violencia en las instancias socializadoras –que da por resultado las graves anomalías intrafamiliares, intraescolares, intraeclesiales e intragrupales–, pero también en las esferas superiores de la actividad humana como la economía, la política, la cultura y el ámbito del derecho.

- Acepten su corresponsabilidad en la construcción, organización y marcha de instituciones democráticas y de una sociedad dialogante.

En síntesis, es preciso reafirmar la centralidad de la comunicación intersubjetiva en el mundo de lo humano, y en su soporte, la naturaleza. Que el avance tecnológico y sus derivados comunicativos respeten sus propios límites. Esa reafirmación conlleva la necesidad y urgencia de romper sus marcos inmediatos y cotidianos para ampliar los márgenes de presencia en la sociedad en su conjunto. En sus ámbitos inmediatos y cotidianos, en efecto, ¡cuánta riqueza encierra, por ejemplo, una charla distendida entre amigos o amigas al mismo tiempo que se saborea un café previamente seleccionado!, o ¡qué saludable resulta una plática informal de sobremesa en el ambiente familiar sin estructuras jerárquicas que la determinen ni condicionen!, o ¡cómo llaman positivamente la atención las relaciones de comunicación dialógica, simétrica y libre en cualquier tipo de grupos o asociaciones civiles de carácter democrático!

Una comunicación así alivia de tensiones, aminora las neurosis y obsesiones y hace vivir la vida en su rostro sonriente y creativo. ¿Por qué lo que sí es posible en esos ámbitos no puede generalizarse en la sociedad en su conjunto? Cabe plantear aquí, a manera de propuesta, una utopía productiva: si los sujetos-cuerpo portadores de este tipo de comunicación van asumiendo actitudes y comportamientos de responsabilidad social para la ampliación de los márgenes de acción de la misma, irán contribuyendo también, sobre la marcha y molecularmente, a la conformación de un tipo de sociedad más convivencial y, aunque suene políticamente incorrecto, más amorosa, en la medida en que aportarían a las diferentes instancias sociales mayor calidez y rostro humano.

La importancia de la interacción y de la comunicación interpersonal e intersubjetiva en la formación de comunicólogos

María Rosalía Garza Guzmán

La **Comunicación**, tanto en el uso cotidiano como en el campo académico, es definida de múltiples maneras. Pero no todas las definiciones consideran a la intersubjetividad y a la interacción, a pesar de que el origen de la palabra involucra ambas cosas. La palabra **comunicación** proviene del término *comunicare*, que significa 'poner en común' lo que necesariamente implica una **interacción** entre los comunicantes, así como la negociación de sentido; es decir, una **intersubjetividad** compartida, nociones en las que ahondaremos más adelante.

En el campo académico, el término **Comunicación** es frecuentemente utilizado para designar procesos de transmisión de mensajes que no necesariamente son comunicación, como es el caso del proceso informativo a través de medios masivos, donde el emisor transmite un mensaje sin pretender obtener de vuelta una respuesta del receptor, solo influir en él, siendo un proceso puramente unilateral, sin considerar la interacción ni el intercambio intersubjetivo de significados.

Al formar parte del mundo de las intermediaciones tecnológicas, el término **comunicación** es aplicado a la difusión de **información**, centrándose en la influencia del otro, unilateralmente, dejando fuera el componente interactivo. De tal forma, el término **información** es muchas veces tomado como sinónimo de comunicación, cuando en realidad el segundo abarca al primero. Son conceptos relacionados, pero no iguales: toda comunicación incluye la acción de informar, pero no toda información es comunicación.

Pese a que ambas nociones se encuentran dentro del marco referencial del estudio de la Comunicación, en México es la información a la que se le ha dado gran cobertura, mientras que a la comunicación intersubjetiva se le ha dado poca atención. Lo anterior se refleja, sin duda, en la formación de los comunicólogos.

Los programas de estudio en el país están primordialmente dirigidos a formar profesionistas para lidiar con la producción y administración de los medios de comunicación, y en menor medida se forman profesionales que puedan atender los procesos comunicativos en el ámbito social y organizacional; y aún en menor medida se forman científicos capaces de estudiar las interacciones cotidianas entre las personas, sean éstas cara a cara o con intermediación tecnológica. Con esto se deja un campo laboral no cubierto por el comunicólogo.

La intersubjetividad y la interacción
en el estudio de la Comunicación

A través de los encuentros entre sujetos conscientes, uno del otro, en la vida cotidiana, las personas van construyendo el mundo desde su propia perspectiva, van creando su propia realidad. La vida cotidiana transcurre en un mundo ordenado mediante los significados compartidos por la comunidad, donde en el encuentro del sujeto con otra conciencia, con otro sujeto en un espacio intersubjetivo, va constituyendo el mundo desde su propia perspectiva. La intersubjetividad no se reduce al encuentro cara a cara sino que se amplía a todas las dimensiones de la vida social. Este encuentro interpersonal resulta fundamental en la construcción de nuestra realidad social.

Para Alfred Schütz, precursor de la escuela de la sociología fenomenológica, las relaciones intersubjetivas deben analizarse a partir de las redes de interacción social y a partir de la siguiente pregunta: ¿En dónde y cómo se forman los significados de la acción social? El autor concibe una **vida cotidiana** en la que se construye ese sentido y significación de la realidad.

En esta misma perspectiva, P. Berger y T. Luckmann expresan que la realidad se construye socialmente, por lo que se deben estudiar los procesos por los cuales esta construcción se produce. La vida cotidiana se presenta como una realidad interpretada por nosotros mismos, una realidad a la cual asignamos un significado subjetivo para darle coherencia a nuestro mundo. Berger y Luckmann incorporan la subjetividad como elemento indispensable en el análisis de la **vida cotidiana**, dado que la vida diaria es como una radiografía habitual del acontecer y la imagen más visible y reconocible de esa realidad. Las personas tienden a desarrollar patrones repetitivos de comportamiento que se convierten en **hábitos**, los cuales les permiten manejar situaciones recurrentes de forma casi automática. En la comunicación interpersonal, las personas observan y responden a los hábitos del otro, incluso anticipándose a ellos; algunos hábitos, con el tiempo, son compartidos por todos los miembros de la sociedad.

En esas realidades intersubjetivas, los significados de cada persona corresponden, y en cierta medida dependen, de los significados de los otros. A través de esa relación dialéctica continua, los miembros de la sociedad construyen la realidad en la que viven, en la que algunos hábitos personales se vuelven públicos, hábitos que a la larga son ampliamente aceptados y tomados por entendidos, pasándose de generación en generación como si siempre hubieran existido. Nuestros significados y los significados de los demás van construyendo un sentido común de la realidad, la cual es tomada como entendida por todos.

Tanto la comunicación interpersonal como la social y la masiva son medios en los que ocurre la puesta en común de las pautas de convivencia y participación social, y al mismo tiempo, son medios por los que se distribuye y refuerza el consenso social al que se llegó a través de las interacciones ejercidas cara a cara en la vida cotidiana. El encuentro interpersonal juega un papel significativo, pues es a través de las interacciones diarias y directas que se negocia la mayoría de los significados de la realidad cotidiana que conforma a las sociedades.

Para el teórico G.H. Mead es mediante las interacciones cotidianas que los individuos formamos estructuras simbólicas sobre las cuales estamos de acuerdo. Es así es como la sociedad es creada. Las interacciones simbólicas permiten a las personas negociar, manipular, y cambiar –hasta cierta medida– la estructura social y la realidad. Para Mead, el concepto de **sí mismo** del individuo (llamado en inglés *self*) emerge de las interacciones con **otros** significativos a través de un proceso social. El concepto de nosotros mismos, o sea, la imagen que de nosotros mismos tenemos, se va construyendo en las relaciones con los demás. A través de la forma en que nos relacionamos y los demás se relacionan con nosotros en la vida diaria, así como a través del intercambio de significados sobre la realidad, vamos conformando nuestra forma de ser.

Gran parte de estas interacciones cotidianas se realiza a través de la **comunicación interpersonal**, por lo que el estudio y aplicación de conocimientos sobre este tipo de comunicación representa un área rica en oportunidades para el campo académico, tanto en el orden de la generación de conocimientos, como en la formación de comunicólogos y su desempeño en el campo laboral.

Aunque cada uno de los niveles de comunicación (interpersonal, grupal, organizacional y masiva) posee sus propias características y necesidades, cada uno de ellos se filtra en los subsecuentes; por ende, el proceso primario, el de la comunicación interpersonal, tiene que ver con todos. No obstante, los desarrollos teóricos y trabajos de investigación sobre comunicación interpersonal en México y América Latina prácticamente no existen, a pesar de que autores latinoamericanos como Jesús Galindo, Manuel Martín Serrano, Jesús Martín-Barbero y Guillermo Orozco, entre otros, reconocen el estudio de las interacciones interpersonales como parte del quehacer del comunicólogo.

Aunque los primeros programas curriculares en América Latina tocaban de alguna manera la comunicación interpersonal, ésta poco a poco fue desplazada por contenidos técnicos referentes a medios de comunicación e información, en contraste con los Estados Unidos, en donde desde la década de los sesenta, el estudio de la comunicación interpersonal goza de un fuerte interés.

En virtud de lo anterior, es fácil apreciar que en México el estudio de la Comunicación se centra en los medios masivos, subestimando el ámbito de la comunicación interpersonal, recurriendo en este aspecto a conocimientos generados por otras áreas, principalmente la psicología y la sociología, y olvidando voltear los ojos hacia el nivel primario de la comunicación, sobre todo ahora que la humanidad está más atenta que nunca a los procesos macroscópicos.

Y así, la comunicación mediada por la tecnología y la comunicación en la vida cotidiana, son tratadas como campos separados, cuando convendría verlas como un *continuum* dentro de un mismo campo, lo que permitiría un nutrimento mutuo y una visión holística del fenómeno **comunicación**.

Como ejemplo tenemos nuevamente a los Estados Unidos, en donde a pesar de la enorme cantidad de producción científica y académica, se vive una escisión entre el estudio de la comunicación masiva y la interpersonal. Se refleja esta incoherencia en un bajo nivel de referencias cruzadas entre las publicaciones sobre comunicación masiva e interpersonal, en la alta especialización de los estudiosos de la Comunicación en líneas similares de investigación, así como en la separación de estas áreas en los programas del doctorado de las universidades.

Esa separación de la Comunicación en dos áreas de estudio tiene tres consecuencias:

1. La teoría de la Comunicación no está integrada, a pesar de que hay temas que pudieran tratarse desde ambos lados como son las teorías de la persuasión o de la motivación para comunicarse;
2. No puede entenderse completamente la comunicación humana vista solamente desde una de las dos perspectivas y;
3. Con el surgimiento de internet, las tecnologías de la comunicación se han vuelto interactivas, pero no pueden

ser clasificadas como específicamente comunicación masiva o interpersonal siendo inadecuadamente analizadas por los estudiosos de ambas disciplinas.

Las razones del olvido de la comunicación interpersonal

Entre las razones por las que la comunicación interpersonal ha sido ignorada por el comunicólogo latinoamericano, o en el mejor de los casos, tratada por separado de la comunicación mediática, destacan las siguientes: los problemas epistemológicos para la conformación del campo académico de la Comunicación, la centralidad en los medios desde la investigación y, la formación del comunicólogo bajo esta perspectiva.

Desde la conformación del campo académico de la Comunicación existe todavía una pregunta no resuelta: ¿Es la Comunicación una ciencia? En términos generales hay autores que han optado por ver a la Comunicación como una disciplina subordinada de la sociología, la psicología y la ciencia política, por lo que la Comunicación debe tomar los métodos de éstas, sin considerarla como una disciplina en sí misma sino como una perspectiva que se encuentra sujeta a la forma de ver y pensar de las otras disciplinas.

Esta dispersión de criterios bajo los cuales se considera a la Comunicación como objeto de estudio hizo sencillo que las Ciencias de la Comunicación se ubicaran fácilmente en una fracción de todo el universo posible de la comunicación como ciencia, esto es, en los medios masivos, centrándose principalmente en el estudio de los efectos sobre las audiencias, dejando a la comunicación interpersonal bajo el dominio de otras ciencias sociales.

Por lo que respecta a la formación profesional en el área de la Comunicación, hay que mencionar primero que surge a partir de un medio masivo, el periodismo impreso, insertándose al comunicólogo desde un principio en el ámbito de los medios tecnológicos, para luego extenderse al estudio de medios como radio, cine y televisión. En América Latina, en general, ha prevalecido esta lógica y ha hecho que tanto las currículas académicas como las investigaciones se centren en los medios masivos de comunicación.

Recientemente, en algunos planes de estudio se ha introducido la comunicación mediada por computadora y es curioso que esta forma de comunicación haya acercado al comunicólogo –aunque tangencialmente– a estudiar la comunicación interpersonal que se lleva a cabo a través de los recursos que internet provee como chats, foros de discusión, blogs, mensajes instantáneos.

La dispersión en cuanto a la definición del campo académico de la Comunicación también se refleja en cómo se denomina a la carrera profesional. El adolecer de una definición clara del objeto de estudio del campo redunda en que la carrera de Comunicación es nombrada de diversas maneras tales como Ciencias de la Comunicación, Comunicación Social, Ciencias y Técnicas de la Comunicación, Periodismo, entre otras.

El imaginario laboral del comunicólogo

Todo lo anterior se traslada al imaginario laboral de los comunicólogos. La gran mayoría de los estudiantes ingresa a las escuelas de Comunicación con la idea de formarse para trabajar en los medios masivos de comunicación, desaprovechando espacios laborales que son atendidos por profesionales de otras áreas, como por ejemplo, el área de la salud, la promoción social e incluso espacios importantes dentro de la comunicación organizacional.

Uno de los aspectos que tiene un gran futuro en el campo comunicológico es el estudio y aplicación del desarrollo de las competencias comunicativas, cuestión ampliamente abordada por la lingüística y la psicología cognitiva. Ya es tiempo de que el comunicólogo tome este campo como suyo y lo trabaje desde la perspectiva comunicativa.

En los últimos años, con el surgimiento de internet, se ha visto un creciente interés por la comunicación interpersonal, pero en este contexto virtual se han realizado investigaciones principalmente sobre el uso del chat. Por eso es necesario extender este interés al resto del universo interpersonal.

El primer reto del comunicólogo es dominar en la teoría y en la práctica la comunicación interpersonal. No está completa su formación si se comienza al revés. Es necesario que el estudioso de la Comunicación en México reconozca a la comunicación interpersonal como parte de su campo de desarrollo profesional.

El manejo eficaz de la comunicación interpersonal permitirá al comunicólogo adentrarse con bases firmes al estudio de los demás niveles de la comunicación, así como tener una perspectiva más humanista y ética en el desempeño de su profesión; le permitirá, sin duda, adentrarse en la intersubjetividad.

El estudio de la comunicación interpersonal cuenta con un extenso acervo de teorías que pueden ser aplicadas a la realidad laboral y social para resolver problemas concretos. Este es un campo de acción que se abre para el comunicólogo mexicano con tan sólo proponerse atender este nivel comunicativo.

Hasta aquí hemos visto lo que sucede principalmente en los Estados Unidos y en América Latina, queda el gran reto de continuar rescatando la intersubjetividad y lo que sobre comunicación interpersonal se ha desarrollado en el resto del mundo para incorporarlo al campo académico de la Comunicación en México.

La comunicación intersubjetiva y sus ámbitos de aplicación

JOSÉ CISNEROS ESPINOSA

En el presente capítulo se parte de la distinción entre la **comunicación** definida como 'el intercambio de mensajes con la mutua voluntad de entendernos unos con otros y construir juntos un acuerdo', que compromete en el mismo sentido a quienes intervienen en el proceso, y la **acción estratégica** enfocada a 'persuadir a un oponente racional sin poner en duda las propias concepciones'. Ejemplos del primer modelo podrían ser el encuentro amoroso, el trabajo colaborativo y la democracia participativa. Ejemplos del segundo serían la escolaridad memorística, los sermones religiosos y la publicidad. El primer concepto, está enfocado al **entendimiento**, y el segundo a la **persuasión**.

Por otra parte, hay que subrayar que la comunicación intersubjetiva es un concepto en construcción. Marta Rizo García, una de las coordinadoras de estos apuntes, plantea prácticamente como sinónimos la comunicación interpersonal y la intersubjetiva, caracterizadas por la interacción que se da en el encuentro cara a cara entre dos personas que intercambian mensajes tanto verbales como no verbales. Y agrega que en el proceso de comunicación interpersonal los sujetos proyectan sus subjetividades y modelos del mundo, interactúan desde sus lugares de construcción de sentido y éste es, por tanto, el principio básico de las relaciones sociales. Más que ahondar en las diferencias implicadas entre los términos **comunicación interpersonal** y **comunicación intersubjetiva**, lo que se asume plenamente es que la comunicación interpersonal o intersubjetiva es el principio básico de las relaciones sociales.

En cuanto a la relación entre el concepto de **comunicación** enunciado en el primer párrafo de este capítulo el cual tendrá varios apartados –mutua voluntad de entendernos y construcción conjunta de acuerdos– y la **comunicación interpersonal**, el primero no se circunscribe a la presencia cara a cara, sino que se considera que incluso a través de la comunicación mediada (teléfono, cartas, internet y todos los demás) es posible intercambiar mensajes con la mutua voluntad de entenderse.

Comunicación intersubjetiva entre jóvenes: la dialéctica del amo y el esclavo

Antes de entrar en materia, cabe aclarar sobre la categoría **jóvenes**. En estas líneas entonces, vamos a considerar una definición funcional de jóvenes por rango de edad y por caracterización sociocultural. Diremos que los jóvenes son quienes tienen entre 15 y 29 años de edad. Lo que resulta más complejo es la caracterización sociocultural, puesto que ésta varía de una sociedad a otra, de un ámbito urbano a uno rural, y de una clase social a otra. Dada esta complejidad, para efectos del presente análisis, consideraremos como características básicas del joven su estado civil soltero, su dependencia familiar económica y social, su principal actividad ligada a la vida escolar. El catalogado como joven para efectos de este texto generalmente se encuentra en un proceso existencial *conflictivo* que implica la búsqueda de identidad personal, la aceptación de los pares, el cuestionamiento de la autoridad y, en la fase de mayor edad, el esfuerzo por obtener la independencia económica y familiar.

Prácticas de intercambio de mensajes entre jóvenes

Retomando nuestro concepto de **comunicación** como 'el intercambio de mensajes con la mutua voluntad de entenderse y construir juntos un acuerdo', y el de **acción estratégica** como la 'búsqueda de persuasión de un oponente racional', analizaremos las prácticas de interacción de los jóvenes únicamente como 'intercambio de mensajes', sin asumir de entrada el sentido de entendimiento o persuasión, sino después de su descripción. Pero, ¿en dónde intercambian mensajes los jóvenes?

Los jóvenes conversan básicamente en la escuela, en la red electrónica, por teléfono y en lo que llaman antros. Si bien algunos grupos de sectores sociales lo hacen en la calle, todos platican muy pocas veces en el seno familiar, donde tienden más a representar su papel de hijos que a exponer abiertamente sus verdaderos intereses, gustos, fobias y aficiones.

La **escuela** tiene la ventaja para ellos de concentrar a muchos y muchas jóvenes, además de que pasan bastantes horas en dichas instalaciones, pero también tiene la desventaja de estar bajo una alta competencia, personal y de grupos además del evidente control de la autoridad escolar. La escuela es un hervidero de tensiones, agresiones y búsqueda de autoafirmación personal y grupal así como es también el lugar de encuentro con quienes posteriormente seguirán siendo amigos.

El **chat** en la red electrónica se ha vuelto el segundo espacio en ser ocupado por los jóvenes. Además de la inmediatez que propicia para el intercambio de ideas, chismes, chistes, críticas y romances, permite una no-presencia-física que puede emplearse para autoconstruirse una personalidad diferente a la real, una imagen en la que pueden ponerse las aspiraciones identitarias en juego, al grado de servir de modelo para un proyecto a desarrollar en el futuro próximo.

En tercer lugar podemos ubicar las **llamadas telefónicas** y los **mensajes por teléfono móvil** o celular. Las llamadas del teléfono fijo en casa son gratis para el joven, pero están sujetas a la vigilancia materna o paterna. El celular es libre, pero cuesta, y el joven aún no es económicamente independiente. De cualquier manera, la tecnología facilita el intercambio de mensajes a toda hora.

Los **antros**, **bares** o **discotecas** son un sitio obligado de convivencia para los jóvenes. Sin embargo, el intercambio de mensajes se reduce debido al alto volumen de la música, al murmullo permanente de la aglomeración y al consumo de alcohol.

La **calle**, sitio preferido por algunos jóvenes para pasar el rato, disminuye el control familiar al mismo tiempo que abre la competencia de grupos a nivel del barrio, da pie al desahogo de la violencia física y a la configuración grupal, pero también permite la crítica a la autoridad a través de las **pintas** y la confrontación con el mundo adulto.

Cada uno de los ámbitos de intercambio de mensajes impone condiciones específicas a los jóvenes, pero contribuye al desarrollo de su búsqueda de identidad y de reconocimiento social, así como a la construcción de su forma de ver el mundo.

¿De qué hablan los jóvenes?

En los años setenta, Jaime Pontones en una estación de radio para jóvenes en el Distrito Federal resumía los intereses juveniles en tres: la escuela, el sexo y la familia. Si no estudiabas te preocupaba buscar algún centro de capacitación para mejorar tu situación económica; tuvieras o no tuvieras sexo andabas a la caza de oportunidades, aunque pocas veces las coronaras con una buena experiencia, y la familia era el puerto de referencia, donde se reportaban logros y problemas, reales o ficticios, para estar en paz con la autoridad del hogar.

Hoy día los intereses adolescentes han variado un poco en su enfoque y por lo tanto los temas de conversación se han movido hacia nuevos tópicos. El sexo sigue presente, por supuesto, pero desde otra perspectiva: más experiencias que sueños, pluralidad de sentidos e instrumento de control para algunos, problemas de embarazo y aborto. A esto se ha añadido la preocupación por la imagen personal, la presencia física ataviada con ropa de marca en pos de la valoración grupal, aún en los estratos de bajo poder adquisitivo. A la preocupación por la familia la ha sustituido una mayor variedad de asuntos personales donde la propia familia muchas veces es el problema debido a los divorcios, el individualismo y la incomunicación. A lo anterior hay que agregar problemas prematuros de salud, adicciones y soledad.

Quizá el tema que más impacto ha sufrido es el de la escuela, pues ha perdido su valor de referencia y sólo se ha quedado como una obligación que se debe cumplir a regañadientes para mantenerse económicamente dependiente. Los jóvenes que se esfuerzan en la escuela son descalificados como 'ñoños', sinónimo de tontos, y a quienes se les discrimina, agrede y excluye. Los contenidos de la escuela se han sustituido en las conversaciones de los jóvenes por los contenidos de los medios electrónicos de entretenimiento, en especial de la televisión e internet. En éstos los adolescentes se han de actualizar para formar parte de un grupo determinado.

Dos temas destacan ahora en las conversaciones: el alcohol y el dinero. El alcohol siempre ha sido un tema obligado de las pláticas juveniles, pero ahora con mayor frecuencia y a menor edad. El mayor consumo o resistencia para seguir bebiendo genera prestigio en el grupo y aporta bonos al liderazgo. Pero aún cuando no se tenga esta presunta cualidad, la disposición a consumir alcohol o drogas con frecuencia se convierte en una carta de identidad aceptada por el grupo. Quien no bebe está fuera.

Finalmente, el tema estrella: el dinero. Los jóvenes más prestigiados están vinculados con la capacidad para el consumo de bienes y servicios caros como el auto nuevo, las botellas caras, la ropa de marca y aparatos electrónicos de última generación. Es sintomático el empleo cada vez más frecuente del concepto *VIP* (de las siglas en inglés para *Very Important People,* gente muy importante) asociado a las personas que pueden y están dispuestas a gastar más dinero que las demás, lo mismo en un antro que en un estadio, un restaurante o en un medio de transporte. Más que el alcohol, el dinero define el mayor estatus del joven frente a su grupo y le rodea de admiradores. Aun para el joven que no tiene dinero, éste se convierte en un tema recurrente. El dinero como valor central en las relaciones de los jóvenes es un síntoma alarmante de la cultura que construyen vinculada a la vida económica de los adultos. El magnate George Soros ha advertido que cuando el dinero se convierte en el único criterio de éxito, la sociedad está en decadencia.

¿Qué tipo de comunicación practican los jóvenes?

Para empezar, podemos caracterizar dos perfiles propios de los actores de este tipo de intercambio de mensajes: el líder y el subordinado.

El **líder** es un personaje impositivo que puede basar su fuerza en tres factores diferentes: el económico, el de la fuerza física y el del carácter. En el aspecto económico, el líder define el consumo del grupo. En cuanto a la fuerza física, ésta propicia la seguridad frente a la rivalidad con otros grupos, y por lo que respecta al carácter, gana quien logra imponerse a través de un discurso autoritario o sarcástico. Por tanto, el discurso del líder será principalmente vertical, y en el mejor de los casos buscará la persuasión racional como **acción estratégica**. Y sólo muy pocas veces, y en privado con alguno de sus seguidores más cercanos, podrá practicar la comunicación enfocada al entendimiento con **el otro**.

En cuanto al **subordinado**, sólo servirá como caja de resonancia del discurso del líder, agregando algún elemento menor en el mensaje para congraciarse con éste, pero jamás contradiciéndolo. En caso de confrontación personal con el líder, el subordinado preferirá que se le falte al respeto a que se le excluya del grupo.

¿Entendimiento o persuasión?

El modelo hegemónico de los jóvenes en el mejor de los casos es el de la **acción estratégica**, enfocada a la persuasión, pero no le va muy a la zaga el discurso autoritario. El concepto de 'comunicación como búsqueda de entendimiento entre seres éticamente autónomos' sólo puede aplicarse por excepción en la construcción de las pocas amistades consistentes que un joven realiza, no en su grupo de referencia. La búsqueda de entendimiento con la familia es cada vez menor y sólo llega a darse con uno o dos de sus miembros. Esto explica que la soledad existencial de los jóvenes sea cada vez mayor, a pesar de la convivencia cotidiana con sus congéneres. Soledad que, en algunos casos, puede llegar a desenlaces fatales.

Reflexiones: la dialéctica del amo y el esclavo en los jóvenes

Entre muchos otros autores, el filósofo Federico Hegel, el pedagogo Paulo Freire y el biólogo Humberto Maturana coinciden en que el ser humano lo es en tanto ser-social. No nos humanizamos solos, sino en sociedad, somos-con-los-otros. Por ello un joven, como cualquier persona, para ubicarse en el mundo requiere saberse-con-los-otros y recurre a su grupo de identidad en busca de sí mismo.

Pero la humanización y la construcción social no se dan por requisito ni sólo por estar unos frente a otros sino que ambas son producto de un trabajo histórico de toma de conciencia del propio Ser y del valor del **otro**. Por el contrario, lo que se da con más frecuencia en la historia es el desconocimiento o no-reconocimiento del **otro**.

Un joven no se integra fácilmente a un grupo, sino que ha de pasar por una serie de procesos de reto y riesgo, de donde no siempre saldrá bien librado, o hasta puede incluso ser emocionalmente destruido.

El hombre se reconoce humano al arriesgar su vida para satisfacer su deseo humano, dice Hegel, y todo deseo humano, generador de la autoconciencia, de la realidad humana, se ejerce en función del deseo de reconocimiento del **otro**. Hablar del origen de la autoconciencia implica por necesidad hablar de una lucha a muerte por el reconocimiento. Así se entiende la búsqueda de peligro en los jóvenes para conseguir el reconocimiento de sus pares y hasta la lucha a muerte en busca del reconocimiento del adversario como mecanismo de autoafirmación. En los jóvenes de hoy esta lucha a muerte se convierte en un reto a la autoridad, ya sea en la escuela, en la calle o en el hogar, pero igualmente se convierte en el mecanismo para el reconocimiento de la banda, de los pares.

Junto con esa lucha contra la autoridad se da la **acción estratégica**, en la que se pretende vencer a un oponente racional y subordinarlo a su discurso. De este modo el líder **con-vence** a sus seguidores y los somete a su dirección hegemónica. Pero en toda lucha hay vencedores y vencidos. Quien se arriesga y vence se convierte en amo, y quien no arriesga su vida, quien no enfrenta a la autoridad por el prestigio, acepta su vida animal, subordinada, y se considera a sí mismo esclavo.

Esa lógica predomina en los jóvenes que siguen a un líder, en tanto no se dé una liberación. Pero el amo-líder no va a aceptar dejar de serlo, y el esclavo buscará su autonomía, por lo que se genera una tensión permanente entre el sometimiento y la autoliberación del esclavo. Es importante destacar que prácticamente cualquier cosa que impida o limite la aceptación del **otro**, destruye o limita el fenómeno humano y por lo tanto el social.

Ante esta deshumanización, hay quienes plantean que la única posibilidad de liberación se encuentra en el diálogo, en el encuentro con el **otro**, a partir de la educación como práctica de la libertad, en la reflexión problematizadora sobre las condiciones sociales de existencia, y en la acción colectiva, solidaria, sobre el mundo. Es aquí donde se ubica el concepto de 'comunicación como búsqueda de entendimiento entre seres éticamente autónomos' así como la humanización a través del diálogo.

Pero los jóvenes en general no saben dialogar, sino que se dedican a luchar por el reconocimiento del otro. Desarrollan acciones estratégicas que, finalmente, terminan alejándolos de los otros que son indispensables para humanizar su existencia.

Los adultos no hemos enseñado a dialogar a los jóvenes porque nosotros mismos no hemos aprendido. En esto no somos diferentes, pero sí más responsables. Por el contrario, les estamos dejando un mundo en proceso de destrucción. Para empezar a asumir nuestra responsabilidad social como adultos, habría que empezar a retomar las ideas de Paulo Freire sobre el diálogo liberador en donde nadie educa a nadie sino que nos educamos unos a otros mediatizados por el mundo a través del diálogo, con la mutua voluntad de entendernos, para tratar de rescatar este mundo que es el único que tenemos.

Otro regreso al sujeto: migración y comunicación intersubjetiva desde un caso empírico en Tijuana

Gerardo G. León Barrios

El mundo contemporáneo está sujeto, centralmente, a transformaciones importantes en los aspectos económicos, poblacionales, ambientales y geopolíticos. Requiere, por lo tanto, que el mundo académico redimensione el problema de las formas de acción-interacción con actores específicos en escenarios concretos. En este apartado se busca presentar algunos aspectos empíricos que han dado espacio a reflexiones y preguntas más finas sobre el tema de la participación de actores desde la perspectiva de la comunicación intersubjetiva. Parte de una investigación que se ha realizado sobre migración juvenil en Tijuana. Los resultados nos acercan a un marco de preguntas sobre las formas particulares de vida que buscan la construcción de un imaginario futuro en la migración. Los estudios de Comunicación no han estado muy lejanos de estas preguntas, y aunque escasos, los pocos que se han realizado abordan el tema permitiendo se abran más preguntas e hipótesis.

Comunicación e intersubjetividad. Algunas notas para el debate

Antes del siglo veinte en pocos espacios sociales se hablaba de Comunicación, lo que nos instala ahora en pleno siglo veintiuno en un debate que hoy en día, obligadamente, tiene dos dimensiones: el estudio de la Comunicación desde la esfera mediática; y su comprensión desde los procesos intersubjetivos. Ambas dimensiones, si bien las podemos comprender de manera-conjunta, tienen una trayectoria científica diferenciada, que ha generado una discusión sobre la necesidad de renovar los recursos teórico-metodológicos que se han utilizado y que están a la mano para la producción de conocimiento sobre la Comunicación. Hoy es importante que la Comunicación se acerque a un planteamiento en su dimensión social en donde atienda la compleja relación entre el sujeto, la sociedad y las formas de mutua interacción.

La comunicación es la plataforma de toda interacción social que toma sentido al ponerse en común, esto es, la reproducción en la vida social, por lo que su investigación y teorización, no puede limitarse al estudio de los medios. El estudio de la Comunicación desde este ángulo desplaza el foco de análisis sobre la comunicación a partir de los medios y los mensajes, y se reubica en los sujetos sociales y en los procesos de producción de sentido, como podemos ver en el esquema 1.

El esquema nos permite ver que el asunto de la comunicación está soportado en la esencia misma de las prácticas de los sujetos, esto es, la comunicación como procesos y prácticas intersubjetivas, que le otorgan un lugar importante al sujeto en su capacidad de agencia y su interacción entre sujetos –tanto con lo material y social y a partir de sus propios recursos simbólicos– que ocupan un lugar específico en la sociedad. De este modo, los

Esquema 1.
La comunicación como proceso sociocultural

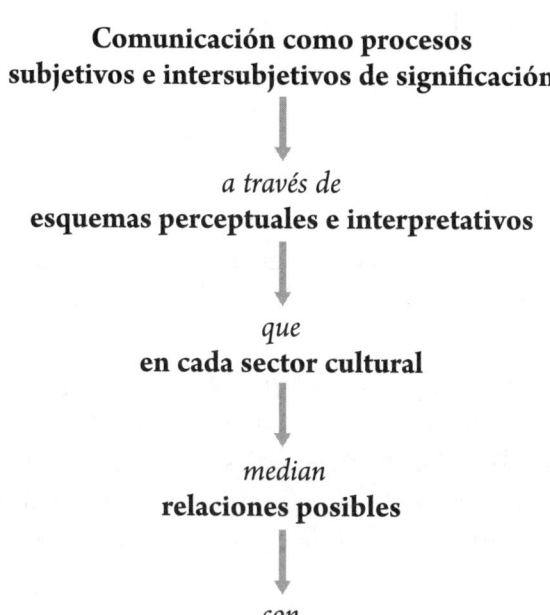

distintos tipos de actores sociales como mujeres, hombres, jóvenes, adultos, consumidores, ciudadanos, empleados, migrantes, manifestantes, etcétera, tienen la posibilidad de ser pensados y estudiados desde la Comunicación. Esto interpela teórica y metodológicamente la manera en cómo se estudia la Comunicación, por lo que el reto se encuentra en saber, comprender e interpretar con rigor las formas a través de las cuales los sujetos sociales —específicos y situados social e históricamente—, llevan a cabo infinitas formas de interaccionar en los niveles interpersonal, grupal, intergrupal y colectivo.

Asumimos, por lo tanto, que la comunicación implica una serie de procesos sociales; desde la interacción entre los sujetos, hasta la interacción de esos mismos sujetos con un escenario social específico.

Migración y comunicación en Tijuana.
Posibilidades de interpretación

Frente a la etapa de reconfiguración, reconstrucción y redefinición del campo de la Comunicación, parece importante asumir el reto de investigar y abordar las preguntas clave que hoy en día se plantean desde la comunicación intersubjetiva; esta última entendida como **proceso**, como **práctica**, como **espacio** y como columna vertebral de los significados del mundo y de las acciones e interacciones de los sujetos sociales.

Bajo este esquema la migración juvenil hacia la frontera es un objeto de estudio que implica una dimensión comunicacional importante, en tanto que en ella se llevan a cabo prácticas de comunicación con un carácter altamente subjetivo, hecho de percepciones, representaciones, imaginarios e interacciones que los actores sociales llevan a la práctica sobre el proceso, si bien la migración se entiende como una práctica social que se teje en la vida cotidiana, entendida como lugar social donde el migrante puede intervenir y modificar su vida social mientras opera en ella con sus acciones. Esta experiencia personal y colectiva tiene un referente y un origen eminentemente social que implica negociar, frente a otros sujetos, formas de interacción y significación del entorno de acogida.

El asunto de la incorporación a la ciudad aparece como fundamental para comprender procesos intersubjetivos detonados por la migración, en tanto que se pone en acción una serie de estrategias de incorporación a la ciudad de arribo, en nuestro caso Tijuana, como podemos ver con el fraseo de Elena, de 18 años, secretaria y estudiante:

> Bueno Tijuana no es una ciudad que me guste. No me llena tanto como... no la siento así mi ciudad. Sí siento que soy ya parte de esta ciudad, pero con trabajos. Hace años me sentía así, que no, pero haciendo cosas ya. Ya ahora, hace como tres años o más voy como sintiéndome totalmente ajena a la ciudad y diciendo: 'pues no, yo no era de aquí'. Tal vez piense tenerla como mi punto de base para empezarme a mover en lo que quiero. Entonces, ahorita ya la siento como que soy parte, con la gente que convivo, entre el trabajo, mis actividades de todos los días con mis vecinos y gente que he conocido. Me siento como para decir: '¡Sí, estoy viviendo en Tijuana!'

En esta plática se notan la búsqueda de incorporación y el intento de anclarse en un derecho de pertenencia al lugar si bien en el discurso todavía se asume que se es parte de otro lugar. Alcanzar cierta **legitimidad** como tijuanense tiene que ver con situaciones específicas en las que se asume esta condición en prácticas específicas de apropiación frente a otros sujetos. Veamos desde la experiencia de Reyna quien tiene 20 años y es ama de casa y empleada:

> Ahorita en Tijuana mi prioridad es educar a mi hija. Aunque soy joven, pero ya tengo con qué entretenerme, con qué hacer mi rutina, ir de compras. De repente que me voy con las amigas a platicar, que al cafecito. Eso, ahorita ya me hace sentir dentro del movimiento de la ciudad, de estar con otras gentes. Pero cuando es trabajo es trabajo, pues Tijuana para mí es y ha sido una puerta, pues elemental para mi vida.

Este proceso nos indica que la migración es una práctica social que habla no solamente de la salida del lugar de origen sino también de la incorporación a la nueva ciudad y de todos los recursos materiales y simbólicos que se pueden utilizar para poder hacerse parte de ella. En la perspectiva de Jorge, un profesionista de 19 años, lo vemos así:

> *Aquí es una vida más calmada a como la vivía yo en Guanatos. Se siente uno ya que es de esta parte. Yo miraba que todos allá estaban acelerados y que vienen y no se sienten bien. Entonces, aquí es más calmado ese estilo de vida, para desempeñarse uno rápido. Tú trabajas y agarras la onda rápido, y ves que las cosas vienen, salir, amigos, amigas, donde vivir, vas a tener para poder vivir bien, para poder trabajar, divertirte. O sea, vas a tener todo, si tú te mueves.*

Los jóvenes migrantes asumen que la migración es una forma de transformar la vida social individual frente a las diferentes condiciones sociales, históricas, políticas y culturales de las que forman parte en el plano de lo nacional y en el plano de lo local. Esto los coloca en una situación que se ha construido históricamente, pero que requiere de la intervención individual y privada, grupal y/o colectiva. La búsqueda de un bienestar o de mejores condiciones de vida, que van desde lo económico hasta lo educativo, así como el logro de metas personales, nos hablan de que detrás de la migración existe lo que provisionalmente llamaremos una **estructura aspiracional**, que es la búsqueda –consciente e inconsciente— de logros, donde muchas veces el logro económico pasa a un segundo plano y se hace visible una cultura juvenil que trata construir escenarios plausibles.

Veamos dos experiencias que hablan de esta diversidad de formas de asumir la práctica de migrar. Habla Ricardo, que es empleado y tiene 21 años:

Yo creo que llegar aquí ha sido muchas cosas. Lo he saboreado. De hecho saboreo día con día porque me gusta hacer cosas. Aquí mi trabajo es importante y hago cosas extra. Voy buscando cómo emprender y cómo hacer cosas, sin limitantes ni problemas. Y eso es lo que veo posible aquí. Sí veo que tengo beneficios sobre otros lugares por las condiciones económicas de nuestra ciudad. Creo que muchos jóvenes en esta ciudad buscan alcanzar una estabilidad económica como yo, que me permita vivir satisfactoriamente en mi futuro.

Para Reyna tiene este sentido:

Para mí Tijuana, el haberme venido, salir de mi tierra hasta acá, es muy importante. Aquí pude tener lo que en diez años no pude allá. Es una buena ciudad en el sentido, económicamente, o sea, es trabajo. Aquí hay escuelas, a dónde te metas a hacer algo por ti, por ejemplo, uno que no tuvo la dicha de estudiar, pues tu eliges, puedes por lo menos aprender un poco, y eso es por estar aquí.

Lo anterior indica que el proceso de migración redirecciona las trayectorias de vida reubicando ese **lugar social** que todos construimos y poseemos. La idea de posibilidades de acceso se ve transformada. Independientemente de la posición social que se tiene o tenía en el lugar de origen, la migración coloca al actor joven en otro terreno desde donde puede ver ese otro lugar social que está por construir, que es el estar en Tijuana y tener empleo, educación, dinero, cierta libertad de elección.

Estructura aspiracional e intersubjetividad en Tijuana

Tijuana representa la ciudad donde se redefinen elementos centrales de los sujetos sociales. Esta redefinición tiene que ver con las formas en las que el proceso migratorio transforma las coordenadas simbólicas. La decisión de venir a esta ciudad no es fortuita y responde a una serie de cuestiones socioculturales. Los diferentes grupos juveniles que llegan a la ciudad de Tijuana la han construido como un escenario a donde se llega y desde donde se parte para emprender un camino hacia las estrategias relacionadas con un horizonte de futuro. Tijuana como espacio fronterizo es un espacio social fundamental en la forma en que estos jóvenes construyen, modelan y perfilan sus formas de vida y la formación de identidad. Tijuana es el punto de llegada, referente del espacio simbólico y el espacio objetivo para la constitución de sus proyectos de vida. Dice Reyna:

> *Para mí Tijuana es un lugar, pues una buena ciudad, una buena ciudad por todo lo que es su trabajo, por todo lo que te ofrece como persona. Tú tienes la alternativa, tomas la buena, para ser mejor persona, o tomas la mala, por el mal camino. Tijuana es una ciudad que te deja ser.*

Así ve otro migrante joven, Antonio, a Tijuana:

> *Tomé la decisión de llegar aquí, porque yo oía que aquí en Tijuana sí había manera de hacerla, de salir adelante, más que*

en otras partes, porque está pegado en la frontera. Nos decían, desde niños, que Tijuana estaba muy bonito, que había muchas cosas a diferencia de otros lugares. Tijuana es como la viva uno y como te relaciones con las demás personas, eso depende de ti y de la gente de la que te rodeas.

Para los jóvenes migrantes, la ciudad, a manera de mapa mental, representa una profunda transformación en sus esquemas de percepción y en la construcción de su identidad pues, como definimos anteriormente, uno de los elementos centrales de la constitución de la migración es el espacio-territorio. El joven migrante se divide entre lo que para él tiene sentido como espacio el lugar de origen, y el nuevo espacio. Ejemplificamos de nuevo con Elena de 18 años:

> Cuando llego a Tijuana veo una ciudad bastante rural, comparado con la ciudad donde yo nací. Hoy, en muchas zonas de la ciudad hay pobreza, se nota poca educación. Pero se ven posibilidades, a pesar de todo, el mayor atractivo para mí es que era, que es, una ciudad donde puedes realizar tus sueños o tratar de perseguirlos. Porque tienes mayores posibilidades de hacerlos en una ciudad donde no está tan explotado.

El punto es importante porque implica una serie de transformaciones en la estructura de las acciones y relaciones intersubjetivas que se ponen en escena. La **espacialización** se construye en los espacios y territorio inmediatos, y al haber un cambio del signo de identificación, el mapa mental tiene que reconstruirse generando estrategias, prácticas y maneras de ver lo que les rodea en el espacio social 'nuevo' o diferente, sobre todo a otros sujetos. Esto nos lleva a entender cómo se han 'estructurado' formas de interacción social en la ciudad a partir de la construcción y reconstrucción de significados que contrastan y que los actores sociales generan para tomar decisiones en la vida cotidiana, y es ahí donde se construyen los significados en relación con su identidad.

En la medida que el sujeto joven realiza actividades en la ciudad, las apropia haciéndolas parte de su nuevo contexto social. El joven migrante crea estrategias cotidianas de integración al momento de establecer relaciones de convivencia con otros grupos a través de la interacción, los actores sociales 'negocian' y se 'apropian' del espacio urbano, y a su vez lo transforman convirtiéndolo en un espacio de significación como también podemos ver desde la historia de Elena:

> *En Tijuana no hay ese lugar ideal, lo tratas de hacer tuyo. Voy con mis amigos o con mi novio a* El porkys, *en* Plaza Fiesta. *Me gusta porque siento que es relajado, no se necesita andar bien arreglada. Me gusta mucho el* Cecut, *porque como paso por ahí, mi trabajo está cerca, entonces, de repente me echo un vistazo para ver las exposiciones. Por ahí es donde paso más cuando tengo tiempo libre, me alimento de lo tijuanense.*

El joven migrante se apropia de los significados de las actividades del espacio. Los usos sociales que el joven migrante hace de la ciudad van a definir el fenómeno social mediante un sistema de comunicación que remite a las **maneras de hacer**. Un aproximación interpretativa sería que se teje una relación con la ciudad y con otros sujetos, lo que constituye una reconfiguración identitaria a partir de esa interacción: son las formas de apropiación y de incorporación al espacio tijuanense mediante las interacciones sociales.

Esquema 2.
Imaginario de futuro en el espacio social de Tijuana

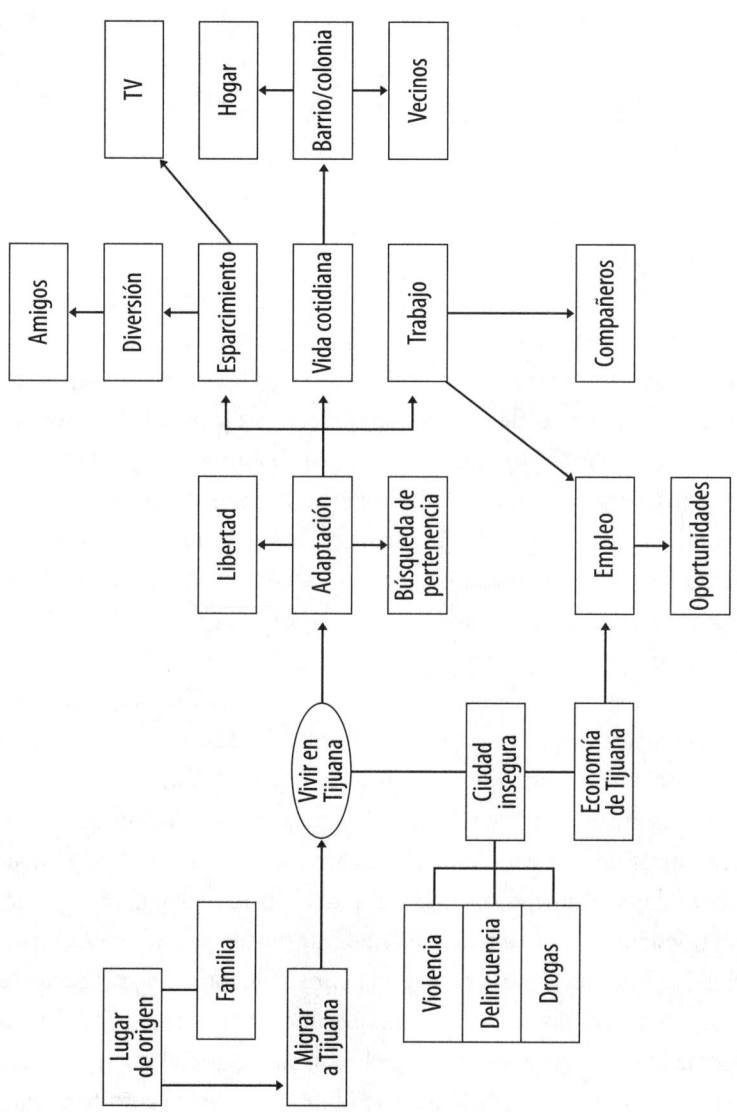

En el esquema 2 representamos lo anteriormente explicado y se hace énfasis en dos cuestiones: Que el proceso de decisión implica un reordenamiento respecto de el lugar de origen y de las relaciones de familia; y por otro lado, que el migrar a Tijuana afirma la ciudad como un espacio en el que se parte para emprender otras estrategias de incorporación y acción.

Preguntas y nuevos desafíos interpretativos

Lo que tenemos en este acercamiento empírico es que los jóvenes que han migrado a la ciudad de Tijuana tienen la necesidad de reconfigurar sus formas de identificación con una serie de elementos socioculturales desde su individualidad y su capacidad de agencia hasta sus formas y estilos de vida, con cambios importantes en la estructura social. Entendemos que la migración no es únicamente la acción de salir del lugar de origen sino que comprende acciones y condiciones históricas y sociales específicas en las que los actores jóvenes deciden migrar, emigran y se reubican en el nuevo espacio-territorio.

Los sujetos emprenden acciones a partir de proyectos que definen su horizonte de futuro, donde la puesta en práctica de estas acciones se da en el ámbito de la vida pública, es decir, en el plano intersubjetivo. Esto nos permite apuntar un marco de preguntas que surgen de este acercamiento, como son: ¿Qué lugar ocupa la comunicación intersubjetiva en la construcción de los imaginarios de futuro de jóvenes migrantes?, ¿qué importancia tiene la interacción día a día en la construcción de significaciones y sentidos en el proceso de incorporación a la ciudad?, ¿de qué forma la comunicación es un elemento de lo social que permite la construcción y reconstrucción de identidades en el ámbito urbano de Tijuana?, ¿cómo es que la migración reconfigura su noción de sí frente a la de otro u otros sujetos?, ¿cuáles son los esquemas de representación desde los cuales los sujetos migrantes se relacionan con su entorno y con los otros sujetos?, ¿y cómo sucede todo esto? Esta serie de preguntas nos da pie a pensar en la necesidad de generar conocimiento sobre la forma en que los universos de los sistemas simbólicos de cada sujeto se comparten y se ponen en escena en el ambiente urbano. El asunto es clave para poder entender esta compleja relación que se teje entre el sistema social, el sujeto joven y la acción o práctica en la dimensión intersubjetiva de la comunicación.

La comunicación intrafamiliar

Fátima Fernández Christlieb

Cuando pronunciamos la palabra **nosotros** marcamos una distinción respecto de **los otros**. La primera persona del plural dibuja una línea divisoria entre los cercanos, los que pertenecen, los que estamos del mismo lado y los otros, esa segunda persona que nos resulta diferente. En pocas comunidades como la familia ese **nosotros** cobra tanta fuerza. Ese **nosotros** está cimentado en lazos físicos y sutiles que se traducen en códigos, en apellidos, en actitudes, en secretos jamás compartidos con los extraños. ¿Cómo es la comunicación entre sujetos en una familia? Antes de comenzar a intentar una respuesta necesitamos hacer una aclaración: el conjunto de personas, con vínculos de sangre, que cohabitan en la misma vivienda, no se ha comportado igual a lo largo de la historia.

Tantas familias como épocas, culturas y circunstancias

El parentesco ha existido siempre. Dos seres humanos se unen sexualmente para dar vida a un hijo o a una hija y con esto queda establecido un lazo innegable e imborrable. Lo que ha cambiado con el correr de los siglos es la forma en que se relacionan los padres entre sí, los hijos con sus progenitores así como la manera en que todo esto es visto y organizado por la sociedad.

Antes del siglo trece los idiomas indoeuropeos no tenían una palabra que diera cuenta de lo que hoy es un matrimonio. Este término viene de madre y señala un estatuto dado por la maternidad. La unión de un hombre y una mujer tardó quinientos años en quedar completamente establecida como un contrato, con tareas para cada género y obligaciones hacia los hijos. Antes de esto, en las comunidades primitivas se sabía quién era la madre, pero muy frecuentemente se ignoraba quién era el padre. En muchas culturas los niños eran protegidos por un conjunto de adultos, sin que los padres de sangre jugaran un rol específico.

Esta idea comunitaria y antimonogámica subsiste en la actualidad de varias maneras aunque en la práctica, ante las autoridades eclesiásticas y civiles, se le conozca como adulterio, como expresión de familia atípica, como concubinato en diversas modalidades y como situación que propicia lo que las leyes de la sociedad occidental han llamado divorcio.

Las familias cambian con los tiempos. En el México prehispánico era común la poligamia entre los macehuales. Los descendientes de las diversas esposas eran atendidos sin diferenciación entre ellos. Después de la conquista, los hijos naturales fueron aceptados y disfrutaban herencias y encomiendas. A mediados del siglo diecisiete el 42% de los niños registrados había nacido fuera del matrimonio. Durante dos siglos, la convivencia entre los hijos legítimos y los que no lo eran se dio sin hacer grandes distingos, pese a que en la Nueva España se había implantado, como oficial, el matrimonio canónico y los hijos ilegítimos eran excluidos del hogar conyugal.

Para el último cuarto del siglo dieciocho abundaban los hogares complejos y las familias polinucleares, mismas que se expandieron en el México independiente simultáneamente a los núcleos de parentesco regidos por un matrimonio avalado por las leyes eclesiásticas y estatales. Así han transcurrido los siglos, con leyes que van y vienen y con familias que se constituyen como las circunstancias van dictando.

En la primera década del siglo veintiuno conviven muy diversas formas de vínculos familiares; es notable el crecimiento del número de hogares monoparentales, generalmente con una madre soltera a la cabeza. Abundan las familias recompuestas en las que ambos miembros de la pareja tuvieron un matrimonio previo o dos. Muchos niños de clases medias urbanas establecen buenos vínculos con los nuevos cónyuges de los padres sin mermar su fidelidad hacia quienes integraron el núcleo familiar original. En pocos años veremos el incremento de la procreación médicamente asistida, el crecimiento de los bancos de embriones, de óvulos y de esperma, así como los nuevos vínculos sanguíneos que derivan del fenómeno de las madres sustitutas y de los transexuales que buscan procrear. El concepto de familia es pues, tan amplio y variable, como lo son las culturas y los tiempos.

Hacia la formulación de códigos implícitos
En este apartado se utilizará el término **sistema familiar** que es amplio, incluyente y recoge buena parte de las aportaciones empíricas de quienes en el siglo veinte han trabajado la complejidad de los vínculos familiares. El acento estará puesto en la comunicación al interior de los sistemas familiares, pero no nos detendremos en las dificultades de entendimiento que se presentan, por ejemplo, entre un adolescente y sus padres, o entre un hombre y una

mujer que atraviesan por momentos críticos en su matrimonio. Los obstáculos comunicacionales de este tipo se encuentran muy documentados en la psicología o en los anales de la terapéutica y no son objeto de este estudio. Lo que aquí interesa es comenzar a incursionar en el tipo de comunicación que se efectúa entre dos o más sujetos de un mismo sistema familiar a partir de códigos establecidos por ellos mismos, de manera implícita y firmemente mantenidos a través de varias generaciones. ¿Qué queremos decir con esto? La respuesta implica ubicarnos, brevemente, en la trayectoria de los hallazgos realizados por quienes han dedicado su vida a la comunicación entre los miembros de un sistema familiar. Evidentemente su propósito no fue la exploración del tipo de comunicación que ahí se da, no. Lo que buscaron estos terapeutas, psicólogos, psicoanalistas y psiquiatras fue comprender las formas de relación intrafamiliares para conocer determinados problemas que afectan a ese conjunto de sujetos o para propiciar el surgimiento de potencialidades dormidas.

Al no haber relación humana sin comunicación, lo que han mostrado estos profesionistas son formas de interacción, tipos de intercambio, maneras de poner algo en común entre miembros de un sistema familiar, aunque la mayoría de ellos no se haya propuesto trabajar desde el punto de vista de ninguna teoría de la Comunicación. Digo la mayoría y no todos, porque hubo quienes buscando la solución a problemas psiquiátricos terminaron por proponer, explícitamente, una teoría de la Comunicación. Me refiero a la escuela de Palo Alto, con su pilar y cabeza Gregory Bateson y a Paul Watzlawick, el prolífico analista que pone el acento en la percepción de la realidad comunicada.

Al revisar la historia de la terapia familiar del siglo veinte, surgen numerosos autores con aportaciones espléndidas e intocadas desde el ángulo de la Comunicación. Hay en ellos y en su obra una asignatura pendiente para los comunicólogos. Tenemos a la vista una enorme cantidad de teorías, métodos y técnicas que bien valdría la pena desentrañar en términos de expresión de emociones y de interpretación de las mismas.

Pocas cosas nos hacen falta en estos tiempos de confusión, incertidumbre y caos como el entendimiento cabal de lo que nos quieren comunicar aquellos que nos quieren o esas personas con quienes convivimos. Si en el ámbito más íntimo, si en las esferas de más confianza, no encontramos comprensión a lo que nos afecta e inquieta, está difícil esperarlo en escenarios donde principalmente se lucha por la sobrevivencia sin importar qué necesita o quiere expresar el otro.

La comunicación en el seno familiar es una de las más complejas y trascendentes aunque a muchos les parezca de las más sencillas o irrelevantes. Esta comunicación es de una complejidad asombrosa si tomamos en cuenta que numerosos mensajes son emitidos sin decir palabra y son aceptados sin objeción alguna. Se transmiten formas de actuar en la vida, modos de amar, creencias limitantes, obligaciones autoritarias, victimizaciones que provocan culpas, complicidades inconfesables, expectativas y secretos celosamente guardados. Lo que va de por medio, lo que se juegan emisores y receptores con todo esto es la pertenencia a un sistema. Con tal de no ser excluidos hombres y mujeres en todas las latitudes del planeta y en todos los tiempos generan férreas lealtades de manera casi siempre inconsciente.

Las familias crean códigos que se transmiten de generación en generación. Pueden hablar la misma lengua que conoce una región o país, pero hacia adentro del sistema hay palabras con un significado preciso, no compartido, por otras familias aunque usen el mismo idioma. Hay mandatos, advertencias, prohibiciones de carácter subjetivo que crean conflictos de lealtad al entrar en contacto con otros sistemas familiares o con el mundo laboral. Este código familiar no se escribe, no se explicita, no es objeto de conversación, pero está plasmado en una serie de ritos o pautas de reacción aprendidas que siguen un libreto tácito apoyado en la vinculación genética e histórica.

Las lealtades invisibles

Mirados desde afuera estos códigos pueden carecer de lógica, pero adentro se viven con toda claridad, se cumplen aun a costa del propio bienestar o la misma vida. Estos códigos se transmiten de generación en generación casi siempre sin ser cuestionados. Están fincados en una lealtad invisible. Así, con estas mismas palabras **lealtades invisibles**, quedó titulada la obra de un psiquiatra húngaro que en 1950 emigra a Estados Unidos y quien durante 17 años analiza y registra lo que ocurre en miles de familias, observadas tanto en el consultorio como en sus propias casas. Su nombre: Iván Boszormenyi-Nagy. Con los años, este médico se percata de que en la mayoría de los sistemas familiares se dan conflictos de lealtad no admitidos o inconscientes que juegan un papel de motor de la conciencia de quienes están unidos por lazos de parentesco o adopción. Estas fidelidades a un modo de actuar en la vida, a una manera de ver y vivir el trabajo, el dinero, la sexualidad, la religión, las manifestaciones de afecto, el uso del tiempo libre y cuanto asunto atraviesa la vida cotidiana, se convierten en reglas de un sistema familiar, en conductas a seguir. Quien las rompe, quien ejerce su autonomía y lleva a cabo conductas diferentes a las establecidas en ese clan, es considerado un traidor. No se le denomina así de una manera abierta. Sólo se le hace sentir que está dejando de pertenecer al sistema. El supuesto traidor lo sabe, recibe el mensaje, capta el código familiar y entra en un conflicto de lealtades. Quienes por el contrario, viven sin cuestionar esa exigencia familiar implícita, son fieles reproductores de ese código y lo comunican mediante su diaria actuación a sus descendientes. Estamos ante la transmisión de mensajes fundamentales en la vida de los individuos. Estamos ante un tipo de comunicación muy poco explorada y altamente decisiva para la evolución de los seres humanos.

La enorme dificultad para desentrañar las lealtades invisibles es justamente que se encuentran fincadas en el inconsciente. Boszormenyi-Nagy estudió a Freud y a algunos de sus discípulos, a la vez que organizó coloquios interdisciplinarios para descubrir las leyes que rigen a los sistemas familiares. Su trabajo empírico como psiquiatra fue punta de lanza para llegar al diseño de su método en el que confluyen, según sus propias palabras: la fenomenología, la psicología y la teoría de los sistemas. Esta última, formulada en 1968 por Von Bertalanffy, se expande entre la comunidad científica precisamente en los años de mayor madurez y productividad del médico húngaro analista de las lealtades implícitas, el cual será fuente para numerosos terapeutas que muestran nuevos ángulos en la comunicación intrafamiliar.

Más estudiosos interesados en los mismos fenómenos

Simultáneamente al esfuerzo que hace Boszormenyi-Nagy por conceptualizar y divulgar sus hallazgos clínicos en materia de lealtades invisibles, encontramos a quienes también trabajan empíricamente en la misma línea. Otro médico, Murray Bowen, nacido en 1913 en Tennessee, dedicó los seis años de servicio militar en la segunda guerra mundial a reflexionar sobre la influencia de la familia en las enfermedades de los soldados norteamericanos. Al volver a su ejercicio médico, realiza investigaciones sobre los parientes de pacientes y encuentra un beneficio al trabajar con el árbol familiar, yendo más allá de los padres. Afirma que la familia es multigeneracional y observa la necesidad de pertenencia, unida a la necesidad de individuación, todo ello con una aproximación sistémica y mediante diagramas. Es el padre del genograma, un instrumento que opera como fuente de hipótesis sobre dinámicas comunicacionales en la familia.

Sin conexión con los autores hasta aquí mencionados, bajo el liderazgo de Gregory Bateson, surge en Palo Alto, California el Instituto de Investigación de la Mente, el *Mental Research Institute*, donde trabajaron al lado de otros muchos, Virginia Satir una terapeuta familiar de gran trascendencia, Paul Watzlawick uno de los más versátiles teórico-prácticos de la comunicación humana y Jay Haley quien combinó el enfoque sistémico, con el familiar y con las aportaciones directas de Milton Erickson, creador del instrumental hipnótico aplicado también a sistemas familiares. Este último método, la hipnosis, encierra elementos comunicacionales relevantes pero imposibles de ser abordados en un texto breve y de divulgación como éste.

Los autores hasta aquí mencionados fallecieron ya y su obra es fundamento para quienes incursionan en el análisis de las relaciones familiares. En la primera década del siglo veintiuno hay numerosas corrientes que retoman aspectos de los autores aquí citados, otras hacen innovaciones a partir de ellos, algunas más mezclan ciertos métodos y unas cuantas ofrecen aportes originales. Sin embargo, nadie parte de cero. Paulatinamente se va urdiendo una red de conocimiento con aristas diversas, con acentos colocados en asuntos distintos y con métodos muy variados. Es imposible dar cuenta de todos, ni siquiera de los principales. Sólo hacemos referencia a algunos para ilustrar las probables puertas de entrada al análisis de la comunicación intersubjetiva en el seno de los sistemas familiares.

Actualmente, dentro y fuera de la academia hay una experiencia creciente en estas materias. Numerosos terapeutas y estudiosos vivos dan nueva luz sobre viejos temas. Un autor que no puede dejarse de lado por su espíritu ensamblador de diversas experiencias probadas y por el interés que despierta su método es Bert Hellinger. Nacido en 1925 en Alemania, manifiesta haber transitado por un largo camino de búsqueda a través de autores, terapeutas y experiencias personales, varias de ellas basadas en algunos estudiosos aquí mencionados. Hacia mediados de la década de los ochenta consolida un método al que le llama *Aufstellung familien*, mismo que pasa al castellano con el distorsionado nombre de **constelaciones familiares**. Se trata de una dinámica grupal en la cual al paciente se le muestran los orígenes de desequilibrios ocurridos en su sistema familiar y que lo afectan de manera directa. Esta falta de equilibrio pudo haberse debido a un miembro excluido del sistema, a un asesinato, a violencia intrafamiliar o a algún otro hecho que tal vez haya tenido lugar varias generaciones atrás y numerosas décadas antes de que el consultante naciera. Lo relevante de este trabajo es la transmisión de mensajes no verbales al interior de un sistema familiar con una respuesta conductual, por lo general inconsciente, por parte de quien los recibe. Lo insólito y el gran desafío teórico es desentrañar qué tipo de comunicación es la que se genera cuando alguien se pone en contacto con un miembro del sistema familiar ya fallecido. La premisa probada es que todos los miembros de un sistema familiar comparten un destino común. Lo novedoso del método es que al ser fenomenológico, es decir al dejar de lado ideas preconcebidas, prejuicios o cualquier tipo de **deber ser** es posible verificar, por ejemplo, la pertenencia al mismo sistema de las varias mujeres de un hombre, así como los hijos concebidos con todas ellas, sin más distinción que el orden en el que llegaron al sistema familiar. La aceptación de estas realidades exige también un gran esfuerzo de comunicación intrasistema.

Comunicación de emociones: un campo inexplorado

La familia es un territorio que para efectos de los estudios comunicacionales se ha considerado privado y perteneciente al ámbito de la psicología, pero salvo excepciones, los terapeutas familiares no se han interesado específicamente por el proceso comunicativo y su ingrediente central: las emociones. Tampoco los paradigmas clásicos de las teorías de la Comunicación se han adentrado suficientemente en este elemento clave. Reconocer las emociones, distinguir unas de otras, saber nombrarlas y expresarlas es una acción inicial de todo acto comunicativo exitoso. La interpretación de estas emociones por parte de aquel a quien se las comunicaron implica, de nuevo, un identificar las emociones que se despertaron, un llamarlas por su nombre sin confundirlas y un volver a expresarse sobre ellas. No es un proceso sencillo porque está presente una dimensión inconsciente, porque probablemente se encuentren amalgamadas algunas lealtades invisibles que no han salido a la luz y porque en ocasiones lo que sentimos está peleado con lo que razonamos. Complejidad es el término afín a este proceso comunicativo.

Un saldo de lo aquí expuesto es la enorme y decisiva importancia del entorno en que se genera la comunicación entre sujetos que pertenecen a un mismo sistema familiar. Este entorno va más allá de lo consciente y también va más allá de los familiares vivos. Estos territorios: el del acceso a lo inconsciente y el transgeneracional, constituyen un reto descomunal en el estudio científico de la comunicación intersubjetiva. Lo asumimos. No es ésta una tarea en solitario. Por su naturaleza, por sus implicaciones y porque en nuestras comunidades, en el país y en el planeta nos urge estar bien comunicados, no puede serlo.

Teatro y comunicación: comunión de subjetividades en el arte escénico

Carmen Castillo Rocha

El arte es un fenómeno complejo que escapa a los marcos rígidos de una definición precisa y una de las razones por las que esto sucede tiene que ver con el peso de la subjetividad en su producción y apropiación. Si bien hay autores, como Pierre Bourdieu, que reducen el papel de la estética a la determinación de las condiciones de vida propias de un grupo social, otros autores, entre ellos Kant, le otorgan un valor que no depende de sus condiciones sociohistóricas de producción y consumo sino de la experiencia profunda de enfrentar un objeto que por sus cualidades puede poner en movimiento la psique del individuo: todo ser humano tiene la posibilidad de percibir la belleza; todos podemos desarrollar nuestra capacidad de juicio respecto de lo bello y somos creadores únicos y absolutos de nuestra experiencia estética.

Los objetos de la estética son creaciones que suponen una extra expresividad impuesta por el creador de la obra de arte. La subjetividad del artista plasmada en el objeto se vuelve generadora de sentido para el observador. Si la obra de arte tiene esa posibilidad de crear este vínculo profundo entre subjetividades, el observador resulta inmediatamente afectado por la experiencia de haberla enfrentado: la contemplación resulta, entonces, una vivencia intensa, esto es, una experiencia estética producto de la comunión de subjetividades.

Todo ejercicio subjetivo lleva implícitos, en principio, dos componentes: uno intelectual y otro afectivo. Estos dos componentes se expresan en la construcción de una obra de arte de manera diferente. El aspecto intelectual tiene que ver a la vez con la complejidad y la parsimonia implicadas en el objeto. El artista tiene que ejercitar su pensamiento, pero a la vez tiene que manejar el otro componente, tiene que llenar su obra de carga afectiva, de energía, de pasión, para que su producto no resulte solamente en un bonito diseño sino en una **obra de arte**.

Esta carga afectiva, esta pasión que el artista imbuye en su obra, es justamente la que le da fuerza a tal grado que, como decíamos antes, el observador no sale inerme de la contemplación.

Esta energía que pone el artista en su trabajo surge de su vivencia, de aquello que ha experimentado como propio de manera no sólo intelectual sino afectiva: no hay arte sin sujeto ni lo hay sin vivencia, pasión o ingenio, y es a partir de todo esto que la obra de arte comunica. Alexander Baumgarten, filósofo alemán del siglo dieciocho, opinó que el criterio de verdad inmerso en una obra de arte no podía ser la objetividad, sino la persuasión, la posibilidad de *excitar los afectos más vehementes*. Pero ¿cómo se consigue la persuasión en el arte escénico? Esa es una cuestión que ha sido abordada desde muy diversas perspectivas en la historia del teatro, y una de las cuales –quizá la más común– es la corriente que se llama liberalismo.

La comunicación a partir de la vivencia

El liberalismo como perspectiva artística supone que hay una naturaleza humana que intenta ser descubierta por las artes. En este sentido, se entiende que el arte tiende a ser universal y no necesita de contextos específicos para ser comprendido, pues tiene un significado por sí mismo que puede encontrarse en las inquietudes, emociones o pasiones recurrentes en la historia de la humanidad. Se asume que el propósito de las artes es enriquecer la vida y propagar los valores universales, no de manera dogmática, sino porque conduce a la reflexión. Este liberalismo, a la manera del pensamiento renacentista, pone a lo humano en el centro de la reflexión y a partir de ahí explica los significados que le son inherentes.

Dentro del liberalismo y en lo que a escuelas de teatro se refiere, hay dos maestros muy importantes para el mundo occidental: Stanislavski y Grotowski. Las propuestas de estos teatristas han sido tan importantes que extendieron su influencia a otras disciplinas, como a la psicología, la cual con propósitos terapéuticos y de investigación ha hecho uso de las técnicas dramáticas de estos autores. Stanislavski centraba su trabajo con los intérpretes de teatro en el conocimiento de sus propias personas. Era ésta la manera en que el creía que los actores podrían canalizar libre, consciente y creativamente sus emociones sobre la escena y crear a partir de ahí nuevas realidades; identificar un sentimiento en un contexto personal y empezar a evocar, a retrabajar el sentimiento y a **corporalizarlo** para ponerlo en escena.

Grotowski también centró su trabajo en la búsqueda interior. Sus actores debían mostrarse tal y como eran ante sí mismos y ante los demás para deshacerse de los obstáculos que limitaran su expresión y el encuentro con los espectadores, quienes a su vez deberían ser capaces de aceptar este reto. Más que un arte, Grotowski miraba al teatro como un vehículo para el desarrollo individual. En su búsqueda terminó por reducir el fenómeno escénico a representaciones privadas que eran de alguna manera rituales de experimentación y búsqueda para los participantes. La comunicación escénica, desde la perspectiva liberalista, no difería en esencia de la comunicación interpersonal, y por eso los actores debían trabajar con sus propias emociones, lo que los llevaría a comunicarse mejor no sólo con el público sino con cualquier persona en la vida cotidiana, e inclusive, a comunicarse mejor consigo mismos. Este intento por generar una comunicación a la vez interpersonal e intrapersonal en el ámbito del teatro se continuó en la propuesta del teatro antropológico trabajado por el propio Grotowski, así como por Eugenio Barba y Peter Brook.

El director británico Peter Brook centraba su trabajo en el análisis de los mitos y tradiciones de diferentes culturas y sus montajes se remiten a esas fuentes. En su perspectiva el teatro debía seguir la forma de los ritos, convertirse en un fenómeno religioso, integrador, que uniera a sus participantes (actores, público y humanidad), que consiguiera la armonía entre los seres humanos. A esto él lo llamó **teatro sagrado**, pero también hablaba de un **teatro mortal** (comercial), en decadencia por competir inútilmente con el cine, así como de un **teatro tosco** (popular) que no se ocupa del estilo, sino del contacto con el público; su objetivo es provocar risa y alegría y por lo tanto tiene que establecer un nivel horizontal de comunicación, un contacto íntimo con los espectadores para conocer sus gustos y exigencias.

Eugenio Barba, director y teórico italiano, fundó en 1979 la Escuela Internacional de Antropología Teatral con el propósito de estudiar el comportamiento del hombre a nivel biológico y sociocultural en situación de representación. En sus espectáculos, Barba pretendía ayudar a los participantes a encontrar su propio núcleo de identidad, aquello que no cambia, un eje, un centro de valores que orientara a las personas frente a las circunstancias y a los obstáculos que la vida les proponía. Esta búsqueda se remitiría tanto al intérprete como al espectador y estaría construida sobre la tensión que impera entre el condicionamiento genético, la condición biológica humana y el contexto sociocultural de cada quien.

Tanto Grotowski como Brook y Barba construían en sus espectáculos un tipo de comunicación que rebasaba el nivel semántico y tocaba aspectos biológicos y metafísicos, por esto Grotowski cerró sus montajes a un núcleo selecto de iniciados. Con tal propósito, estos investigadores concretaron su búsqueda en las actividades escénicas de los diferentes grupos humanos, privilegiando sobre todo los rituales y analizando los fenómenos comunicativos que ahí sucedían. Fue el caso también de los trabajos del teatrista Richard Schechner y del antropólogo Víctor Turner. Sus montajes pretendieron ensanchar la percepción y modificar los estados de conciencia de los participantes y para ello se valían de elementos extraídos de rituales diversos. Pensemos, por ejemplo, en los sonidos fuertes, graves y repetitivos de instrumentos de percusión, combinados con juegos de luces evocando una fogata en la oscuridad, y en posturas y movimientos corporales semejantes a los usados por chamanes para inducir estados de trance.

La comunicación a partir de la forma
En un ámbito diferente, otras escuelas de teatro dieron prioridad a la forma por encima de la subjetividad del artista. El soviético Meyerhold buscaba un dominio de la plástica o de la forma en el actor, independientemente de su búsqueda interior. Para él, la

plástica debía ser la herramienta mediante la cual el público pusiera en marcha su imaginación durante la representación. En esta línea, el británico Edward Henry Gordon Craig propuso que el actor dominara su cuerpo y emociones, para convertirse en algo así como una **supermarioneta**. La propuesta de Craig implicaba una severa disciplina corporal.

Para estos autores, de finales de siglo diecinueve y del veinte, el lenguaje y la comunicación estaban en la forma, por ejemplo, en dominar de manera precisa los músculos que producían una expresión facial de enojo. La investigación teatral debía entonces buscar e identificar cómo podían construirse esos signos que los espectadores serían capaces de traducir fácilmente durante el espectáculo. Esta prioridad por la forma y la búsqueda, por la identificación de signos, tiene su correspondiente en el estructuralismo francés del siglo veinte. A través de estudios un tanto más formales, los estructuralistas hacen estudios del lenguaje considerando que éste no sólo está para representar al mundo que designa sino que de alguna manera le da forma, lo moldea, lo estructura. En esta línea los trabajos de Roger Bartra fueron muy influyentes entre los investigadores en teatro. Los postestructuralistas fueron al extremo al afirmar que no hay mundo real más allá del lenguaje.

El estructuralismo encontró un fértil campo de trabajo en la lingüística; tal fue su impacto y su promesa que fácilmente fue adoptado por otras disciplinas. El fenómeno escénico, como una forma de lenguaje, encontró en éste una posibilidad, y los investigadores en teatro iniciaron ahí su búsqueda: había entonces que identificar los símbolos escénicos construidos más allá del dominio corporal de los actores. Pero finalmente, la lingüística estructural francesa y sus sucesores resultaron poco productivos en la descripción de los fenómenos escénicos debido a la plasticidad implicada en estos. Es decir, la decoración del escenario puede ser sustituida por los gestos de un mimo que construyan un lugar imaginario, una escalera puede representar una ventana, o una montaña, o una puerta, etcétera. De Toro comentaba al respecto que el modelo lingüístico rápidamente había demostrado no obtener los resultados deseados, y ofreció una propuesta que dejó la semiótica estructural para moverse hacia la postmodernidad.

El cambio de paradigma se puede observar mediante una modificación en los sistemas de valores: la **modernidad** por el **homocentrismo**, la **postmodernidad** por su **descentración** así como por la construcción de un mundo virtual por encima de lo concreto y la consecuente modificación del sentido de la realidad. Los artistas que producen obras postmodernas no intentan descubrir la esencia humana, sino experimentar las relaciones entre elementos en torno de un tema. Con base en un nivel diferente de realidad, quienes analizan las producciones posmodernas descubren temas, tendencias y actitudes, analizando relaciones intertextuales. La búsqueda de un significado único o esencial en este tipo de trabajos resulta intrascendente. En el análisis comunicativo posmoderno se atiende a la pluralidad de voces en los emisores y a la pluralidad de sentidos otorgados por los receptores.

La comunicación consciente y transformadora

Entre los teatristas mexicanos es frecuente encontrar trabajos producto de la herencia del materialismo dialéctico. Esta corriente, como el estructuralismo, comienza por ser una propuesta teórica para dirigirse luego a la reflexión sobre el arte. Los trabajos en esta línea –siguiendo el pensamiento de Marx, Hegel, Althusser, Gramsci–, identifican una diferencia entre el sentido explícito de las obras y un fundamento encubierto que se relaciona con la ideología implícita en el texto. Consideran que el origen social del autor de alguna manera se filtra en el texto y reproduce la ideología de la clase a la que pertenece. Esta propuesta explica la naturaleza de las producciones escénicas y literarias en términos del periodo histórico en el que fueron producidas.

En esa línea produjeron sus trabajos Erwin Friedrich Max Piscator y Bertolt Brecht quienes veían en el teatro un vehículo de crítica social. Piscator fundó el Teatro Proletario de Berlín. Conscientemente producía obras estéticamente imperfectas para mostrar que las pretensiones artísticas debían quedar subordinadas a los propósitos revolucionarios. Brecht, simpatizante del materialismo dialéctico, no pretendía que en sus espectáculos el público viviera o sintiera algo, sino que, con base en las contradicciones presentes en sus obras, tomara decisiones con una conciencia de lo acontecido en el escenario. Los trabajos de Brecht tuvieron particular impacto en la dramaturgia latinoamericana, pero aún mayor impacto ha tenido la constante labor del brasileño Augusto Boal, quien ha llevado la propuesta de Brecht y Piscator un paso más allá de la reflexión.

Boal, quien más que un teatrista ha sido un activista del teatro en diferentes países latinoamericanos, propone un teatro comprometido políticamente que provoque una actitud crítica en el espectador. Para él, la acción teatral es completa cuando el espectador deja de serlo, cuando el espectáculo es capaz de perturbar su conciencia de tal modo que ejerza una acción transformadora sobre su opresiva realidad. Más que por el intérprete, se interesa por la acción político-social de la colectividad que participa en el teatro. Como en el teatro de Brecht y Piscator, la plástica queda relegada al propósito. El teatro de Boal es relevante por su acción, no por su estética y él mismo decía que no había lugar para refinamientos cuando se representaba encima de camiones.

Experiencias similares que ponen el énfasis en que la comunicación escénica debe tener un carácter político que propicie la transformación social, son el teatro campesino que construyeran los maestros rurales mexicanos con apoyo de organismos internacionales como la UNESCO entre los 70 y 80, y el teatro chicano de California, que moviera las conciencias y las acciones de los trabajadores migrantes latinoamericanos en el sur de los Estados Unidos.

La importancia del teatro como vehículo de comunicación ha llevado a que sea usado también como herramienta pedagógica. Hoy día es instrumento frecuente usado por las Organizaciones de la Sociedad Civil en sus proyectos de desarrollo comunitario, por organizaciones paraestatales como las vinculadas con adultos analfabetas y población indígena, por los programas estatales de salud y aquellos otros francamente educativos.

En los párrafos arriba expuestos es posible observar que el elemento estético-emocional es parte fundamental de la comunicación en el arte y particularmente en el teatro. Al construir su obra, el artista convierte los aspectos afectivos de su vivencia en elementos estéticos de forma tal que quien observa su creación, no sale inerme: la obra de arte produce en él una experiencia diferente de aquellas que le ofrece su vida cotidiana; la comunicación es completa.

La tarea no es sencilla. Los investigadores escénicos han propuesto diversas maneras para intentar conseguir esa conexión entre la subjetividad del artista y la subjetividad de su público: algunos apelan a las propias vivencias experimentadas por los actores, otros al dominio de la plástica, otros a los aspectos biológicos y metafísicos de la comunicación y unos más a la presentación de escenas informativas que despierten conciencias y muevan voluntades, sin que ninguna de ellas sea una respuesta exclusiva.

La muerte como ritual intersubjetivo: reflexiones sobre la apropiación y vivencia de la muerte

María Concepción Lara Mireles

A lo largo de varios años he intentado con diversos grupos de estudiantes hacer análisis de diferentes espacios urbanos de la ciudad de San Luís Potosí. Generalmente, los lugares seleccionados han sido centros comerciales, estadios deportivos, parques y jardines de barrios tradicionales, mercados, atrios de templos, bares. El camino ha sido la búsqueda de la construcción de las diferentes narrativas sociales o formas específicas de apropiación de esos espacios, por parte de los agentes de la comunicación o actores sociales que los habitan.

Hace tres años un equipo de estudiantes quiso abocarse a hacer el análisis de dos funerarias, como espacios ya no de celebración de la vida, sino de apropiación y celebración o ritualización de la muerte. Las técnicas utilizadas fueron de corte etnográfico, pues no era posible en esos lugares y dadas las circunstancias, manejar entrevistas, historias de familias y análisis semántico basado en imágenes, como se habían realizado en los otros espacios de interacción comunicativa. Lo que sucedía en las funerarias era solamente un fragmento de un fenómeno más amplio. El proceso de tránsito hacia la enfermedad, la agonía, el deceso, había comenzado en otros espacios como el hospital y la casa familiar.

Estábamos ante un objeto de estudio que nos pedía la revisión de marcos conceptuales y perspectivas metodológicas para poder comprenderlo, ya que como afirma Norbert Elias, la problemática sociológica de la muerte no es el hecho biológico, sino la idea de la muerte y la actitud que esta idea o representación mental provoca en un grupo. Requeríamos, por lo tanto, analizar cómo es que hoy nos enfrentamos a la muerte, cómo intentamos manejar los últimos días de un ser querido, cómo son los sepelios, por qué los modernos cementerios semejan jardines y las criptas donde se colocan las cenizas, en caso de cremación, parecen salas de apartados postales.

En esta reflexión consideramos que la visión de la vida cotidiana y la conceptualización de la muerte se construye en la intersubjetividad. No pretendemos agotar las interrogantes planteadas, pero sí entender las interacciones comunicativas y culturales de sujetos entre sujetos en torno de la muerte. Con base en algunos de los postulados de la sociología fenomenológica, veremos las relaciones que nos llevan al **yo grupal**, al **nosotros**, en un universo de significación compartido que cohesiona e identifica.

La narrativa de la muerte de un grupo social se construye entonces en el día a día, en el hablar quedo sobre el abuelito que ya está muy enfermo; en el comprar un lote en algún panteón 'sólo por previsión', como se dice; en el decirle al enfermo grave que se va a aliviar; en el llorar casi a escondidas para que el enfermo no se dé cuenta de que se acerca el final.

Para hablar del sentido de la muerte hoy, para tratar de entender por qué nos enfrentamos a la muerte de determinada manera, es importante un vistazo al pasado. A través de una larga tradición cultural se fue conformando en Europa y luego en América con la conquista y la colonización un código de significación o sistema de signos en torno de la muerte desde la visión de la iglesia católica. El resultado fue la simbología escatológica cristiana.

Como nos ilustra Elsa Malvido fue a través de la pintura, de la escultura, de la música, del teatro, que se buscó representar ante los creyentes la mortalidad de la humanidad. En el testamento de Felipe II se lee: "No hay cosa más cierta que la muerte. Ni más incierta que la hora de ella". Esta frase compendia el ánimo de los católicos, que esperaban tener una 'buena muerte' y para ello vivían preparados. Inclusive formaron cofradías de La Buena Muerte, asociaciones que asistían a sus miembros para que pudieran recibir los sacramentos cuando estuvieran en peligro de morir y que además les garantizaban *post mortem* las oraciones de todos los cofrades para la salvación de su alma.

Ahora bien, lo que permitió en siglos pasados que floreciera el arte escatológico fue un mundo sacralizado en el cual la religión dominaba las diferentes manifestaciones de la vida social. Es recurrente en el arte sacro la representación de los santos ermitaños que meditan sobre la fugacidad de la vida sosteniendo una cruz y una calavera en sus manos. Tenemos también las pinturas llamadas *vanitas*, que simbolizan la fragilidad de la gloria humana mediante las naturalezas muertas.

El discurso de la muerte hoy en día es diferente, porque diferente es el entramado social. Atravesamos una época de crisis, de violencia, de desesperanza y de incertidumbre. Una de las características de la posmodernidad es la falta de credibilidad en torno de las grandes instituciones civiles y religiosas. Aparejada a esa crisis, se buscan nuevas expresiones y discursos políticos, filosóficos y religiosos menos estructurados, más libres, eclécticos y fragmentados donde el individuo se sienta a gusto, tomado en cuenta, donde pueda reconfigurar con **los otros** cercanos una identidad grupal que lo proteja de la soledad que vive entre la multitud, de la inseguridad que experimenta en las calles concurridas.

La muerte de **los otros** es lo que de alguna forma hemos experimentado. Pero esa experiencia fuera de nosotros tiene diferentes niveles. La más lejana, la que percibimos en un **tercer plano** es la que nos reportan los noticieros televisivos, las páginas de los periódicos, que día a día nos hablan de accidentes fatales, de ejecuciones, de secuestros que terminan con la muerte de las víctimas. Son relatos hechos por terceros sobre **otros**, que generalmente no forman parte de nuestro círculo. Son muertes que engrosan las estadísticas de la inseguridad y la violencia.

Una celebración de la muerte que percibimos en un **segundo plano**, porque se trata de honrar la memoria de seres cercanos a nosotros, es la conmemoración que en México hacemos del **Día de muertos**. Flores y ofrendas en los altares domésticos, las fotos de nuestros muertos, del abuelo, o del hijo, o de la madre, que presiden inmóviles el juego de veladoras, de colores, de frutas, de calaveritas de azúcar, de panes y dulces.

En los lugares de tradiciones más arraigadas la celebración es en los cementerios, con ofrendas sobre las tumbas, comidas rituales, bebida y música que se prolonga hasta que despunta el día. Pero siempre son **los otros** a los que recordamos, los que ya se fueron, los que –como se dice comúnmente– 'se nos adelantaron'. Bien podemos considerar estas celebraciones como objetos culturales, ya que son expresiones simbólicas con un significado compartido por un grupo específico.

Es una conmemoración mitad festiva, mitad doliente, en parte doméstica y en parte solemne, a través de la cual reconstruimos los lazos con los muertos de la familia, recordamos sus gustos culinarios y aficiones y tratamos de agasajarlos como si estuvieran vivos: Es común ofrendarles simbólicamente la copita de su bebida preferida o del guiso que más les gustaba, como también exponer algún juguete u objetos que les eran muy apreciados.

Se dice que los muertos nos visitan ese día y que comparten con nosotros la ofrenda que les hacemos. No tomamos esto en sentido literal, sino que lo interpretamos en sentido figurado; es más, en el ritual revivimos el encuentro, porque como sabiamente dice el refrán: 'Recordar es vivir'. Sobre la importancia de este acontecimiento que rompe con la rutina cotidiana, es ilustrativo recordar lo que Anthony Giddens afirma acerca de nuestra seguridad ontológica que deriva de la confianza personal y establece una necesidad de fiabilidad en otras personas, es decir, se construye sobre la reciprocidad de la acogida. En otras palabras, la construcción del **yo** necesita de las relaciones interpersonales, porque los puntos de referencia para la integridad y autenticidad del **yo** son la proximidad y la confianza en el **otro**. Desde esta mirada intersubjetiva, el culto a nuestros muertos, la persistencia de los altares el 2 de noviembre, es un fenómeno de comunicación interpersonal, que refuerza el sentimiento de la propia identidad.

Las funerarias y los cementerios son lugares que visitamos cuando perdemos a un pariente, a un amigo, a un vecino o conocido. Es entonces una experiencia de la muerte muy cercana, cuando nos toca en **primer plano**, cuando nos involucra emocionalmente, porque ese **otro** desaparecido formaba parte de un **nosotros**, quizá vivía en nuestra misma casa, acaso ayer hablamos con él y ahora está frente a nosotros en un ataúd. En tal caso el acontecimiento se convierte en un ritual, desde la forma de avisar a los parientes y amigos, de publicar esquelas en los periódicos locales, hasta la manera de recibir el pésame, de realizar la velación, el funeral, los servicios religiosos.

Quizá nadie mejor que los poetas han logrado captar instantáneas fotográficas de lo que pasa en nuestro ánimo doliente en un funeral: la mirada absorta, encerrada entre cuatro cirios. ¿Es nuestra vulnerabilidad psicológica la que queda al descubierto, ante la ausencia del **otro**? ¿Es su muerte la que se desmadeja en nuestro corazón? ¿O es nuestra propia muerte, la conciencia de nuestra finitud la que pasa delante de nosotros?

Jaime Sabines así nos susurra en un fragmento de *Algo sobre la muerte del Mayor Sabines*:

...Morir es retirarse, hacerse a un lado,
ocultarse un momento, estarse quieto,
pasar el aire de una orilla a nado
y estar en todas partes en secreto.

Las tres modalidades o niveles de acercamiento experiencial a la muerte descritas son parte de la construcción social del fenómeno. De hecho, cada época y cada cultura le da un tratamiento específico, lo rodea de ritualizaciones distintas y construye un andamiaje de significación en torno del hecho biológico de la muerte de los seres humanos.

Conclusiones:
La comunicación,
esencia de lo humano

Marta Rizo García

A lo largo de los cinco capítulos que conforman esta obra hemos podido ver cómo la comunicación es la esencia de lo humano. Sin comunicación, las sociedades humanas no serían tales. Las páginas precedentes dejan claro que la comunicación intersubjetiva puede entenderse como el encuentro con el **otro** con quien nos comunicamos cotidianamente. Este tipo de comunicación, que puede ser entendida como LA COMUNICACIÓN, así en mayúsculas, es esencial para la existencia y permanencia de la raza humana.

Los conceptos básicos para pensar la comunicación intersubjetiva, la génesis de este tipo de comunicación, la reflexión académica sobre ella, su utilidad en la formación de profesionales de la Comunicación, su vertiente práctica que puede incidir en la mejora de la comunicación entre seres humanos, así como varios escenarios o ejemplos donde podemos aplicar este concepto, han sido los ejes en torno de los cuales hemos articulado las reflexiones de la presente obra.

Como habrán podido apreciar los lectores, las ideas, conceptos y juicios vertidos en estas páginas configuran, en conjunto, un magma de posibilidades para pensar la comunicación intersubjetiva desde distintos puntos de vista y enfoques. En todos los casos, los autores han puesto el acento en la capacidad vinculadora y constructora de la comunicación. Capacidad con la que los seres humanos nacemos, pero a la que también tenemos que dedicar parte de nuestros aprendizajes cotidianos en aras de una mejor relación con los **otros** con quienes convivimos.

Queremos a continuación enunciar algunas de las posibles conclusiones que se extraen de la lectura de la obra. No se trata de presentar ideas cerradas, verdades absolutas. Más bien tratamos de presentar algunas ideas y vetas para futuras reflexiones en torno a la comunicación intersubjetiva.

Para ello, hemos dividido las conclusiones en tres rubros distintos: la comunicación intersubjetiva desde un punto de vista teórico-conceptual; la comunicación intersubjetiva y su vertiente práctica y formativa; la comunicación intersubjetiva y algunos escenarios posibles de aplicación.

La comunicación intersubjetiva desde un punto de vista teórico-conceptual

- La comunicación es un fenómeno intrínsecamente ligado a la existencia del ser humano.
- La naturaleza básica de la comunicación intersubjetiva es el vínculo, la comunicación entre semejantes.
- La comunicación sólo puede darse en el marco del mundo de la vida cotidiana, un mundo fundamentado

en la existencia de relaciones intersubjetivas, donde **nosotros** y los **otros** compartimos experiencias, vivencias y conocimientos.

- La consideración del lenguaje como un vínculo indisociable de nuestro modo de ser humanos dio inicio a las reflexiones sobre la **intersubjetividad**.
- La comunicación es una acción intersubjetiva que supone que el lenguaje es una plataforma común a todos y que desde ella se accede, simultáneamente, a un mundo subjetivo, a uno objetivo y a un mundo social.

La comunicación intersubjetiva y su vertiente práctica y formativa

- La comunicación intersubjetiva debería ser imprescindible como objeto de reflexión y estudio en los planes de estudio de los diferentes niveles educativos con miras a formar sujetos capaces de establecer relaciones de comunicación dialógica, simétrica y libre.
- Las razones por las que la comunicación interpersonal ha sido ignorada por el comunicólogo latinoamericano son, entre otras, los problemas para la conformación del campo académico de la Comunicación, la centralidad de los medios y la formación del comunicador bajo esta perspectiva casi exclusivamente mediática.
- El manejo eficaz de la comunicación interpersonal permitirá al comunicólogo adentrarse con bases firmes al estudio de los demás niveles de la Comunicación, así como tener una perspectiva más humanista y ética en el desempeño de su profesión.

La comunicación intersubjetiva y algunos escenarios posibles de aplicación

La juventud
- Los jóvenes en general no saben dialogar, sino que se dedican a luchar por el **reconocimiento** del **otro**. Desarrollan **acciones estratégicas** que terminan alejándolos de **los otros** que son indispensables para humanizar su existencia.
- Los adultos no hemos enseñado a dialogar a los jóvenes, porque nosotros mismos no hemos aprendido. En esto no somos diferentes, pero sí más responsables. Por el contrario, les estamos dejando un mundo en proceso de destrucción.

La migración
- Los sujetos migrantes necesitan reconfigurar sus formas de identificación, pues la migración no es únicamente la acción de salir del lugar de origen sino que comprende acciones y condiciones históricas y sociales específicas.
- Los sujetos emprenden acciones a partir de proyectos que definen su horizonte de futuro, donde la puesta en práctica de estas acciones se da en el ámbito de la vida pública, es decir, en el plano intersubjetivo.

La familia
- El entorno en el que se genera la comunicación entre sujetos que pertenecen a un mismo sistema familiar tiene una importancia decisiva.

- El territorio del acceso a lo inconsciente y el territorio transgeneracional constituyen un reto descomunal en el estudio de la comunicación intersubjetiva.
- Por su naturaleza, por sus implicaciones y porque en nuestras comunidades, en el país y en el planeta nos urge estar bien comunicados, no puede ser ésta una tarea en solitario.

El teatro
- El elemento estético y emocional es parte fundamental de la comunicación en el arte, y particularmente en el teatro.
- El teatro busca la conexión entre la subjetividad del artista y la subjetividad de su público.

La muerte
- La visión de la existencia cotidiana y la conceptualización de la muerte se construyen socialmente en la intersubjetividad, es decir en las interacciones comunicativas y culturales de sujetos entre sujetos.
- La apropiación y las experiencias intersubjetivas de la muerte hacen de ésta un ritual.

Hasta aquí llegamos en esta primera obra colectiva del Grupo de Investigación "Comunicación Intersubjetiva" de la Asociación Mexicana de Investigadores de la Comunicación (AMIC). Un grupo de académicos y académicas interesados en regresar a la reflexión sobre la Comunicación en su sentido original, en dotarla de la importancia y el rigor que requiere su estudio. Pero sobre todo, un grupo de hombres y mujeres comprometidos no sólo con la academia en la que trabajamos sino con la sociedad en la que vivimos. Ojalá esta primera obra colectiva sirva para seguir pensando y construyendo un mundo en el que reine la comunicación, el diálogo y el vínculo.

MÁS LECTURAS, NOTAS, CITAS Y REFERENCIAS BIBLIOGRÁFICAS

LA COMUNICACIÓN Y LO HUMANO

MARTA RIZO GARCÍA

La presentación de la persona en la vida cotidiana, Buenos Aires, Amorrortu, 1972, de Erving Goffman, trata sobre el modelo de análisis dramatúrgico de la vida cotidiana; es una analogía con la que el autor explica cómo nos relacionamos los sujetos, los rituales en los que participamos, las maneras como nos representamos y representamos a los otros en situaciones de interacción. Respecto de la **intersubjetividad**, toda la propuesta filosófica de Edmund Husserl se sintetiza en su *Invitación a la fenomenología*, Barcelona, Paidós, 2001, la cual permitió a su sucesor, Alfred Schütz, ahondar en este concepto hasta llegar a proponer su teoría de la intersubjetividad como fundamento de toda relación social. Y, entre las pocas obras que profundizan en la concepción de la comunicación en la vida cotidiana a partir del marco teórico fenomenológico propuesto por Alfred Schütz, con el concepto de intersubjetividad al centro, está Manuel Martín Algarra con *La comunicación en la vida cotidiana. La fenomenología de Alfred Schütz,* Pamplona, Eunsa, 1993.

Por supuesto, resulta recomendable *La construcción significativa del mundo social. Introducción a la sociología comprensiva,* Barcelona, Paidós, 1993, del propio Alfred Schütz en donde se encuentra una síntesis de la propuesta de la fenomenología de la intersubjetividad en el mundo de la vida cotidiana, así como los propios conceptos y planteamientos básicos de su pensamiento, con énfasis en la intersubjetividad y el mundo de la vida.

Una obra sencilla y didáctica sobre la interacción social y la comunicación es *La interacción social. Cultura, instituciones y comunicación,* Barcelona, Paidós, 1992, de Edmond Marc y Dominique Picard. En ésta se exponen las particularidades de la interacción y la comunicación interpersonal desde un enfoque fundamentalmente sistémico que recupera la visión de la Escuela de Palo Alto (conocida así por la población de California, Palo Alto, en donde diversos investigadores interesados en la comunicación humana casualmente coincidieron en sus temas de estudio durante la década de los 60). También se ofrecen algunos ejemplos de análisis de la interacción en instituciones como la familia, entre otros ámbitos de la vida cotidiana.

Si se busca un esquema y un programa de trabajo sobre la interacción social, el *Espíritu, persona y sociedad. Desde el punto de vista del conductismo social,* Madrid, Paidós, 1968, de George Herbert Mead es una espléndida lectura porque el autor expone su propuesta de conductismo social, se desmarca del conductismo psicológico y propone que es lo social lo que puede explicar los comportamientos individuales y no a la inversa.

La comunicación interpersonal. Introducción a sus aspectos teóricos, metodológicos y empíricos, México, Universidad Autónoma de la Ciudad de México, Colección "Cuadernos de Comunicación y Cultura", Número 2, 2006, de Marta Rizo García puede servir como introducción clara y concisa de los distintos elementos, enfoques, conceptos y teorías que ayudan a comprender los fenómenos de comunicación interpersonal. El texto pretende ser una herramienta útil para estudiantes y docentes interesados en este tipo de procesos de comunicación.

GÉNESIS DE LA COMUNICACIÓN INTERSUBJETIVA

MARCO MILLÁN CAMPUZANO

El libro de Peter Sloterdijk, *Experimentos con uno mismo*, Valencia, Pre-textos, 2003, es una larga entrevista con el pensador alemán de la escuela de Karlsruhe, elaborada por Carlos Oliveira. Los temas que se despliegan abren y cierran tópicos vinculados con la comunicación.

Desde cuestionamientos hacia la actualidad del individuo en las múltiples formas que encuentra de auto-experimentar consigo mismo, hasta novedosas y provocativas ideas acerca de los medios de comunicación en el sentido, por ejemplo, de otorgarles una misión cuasi espiritual. No falta un esbozo de la teoría de las esferas que caracteriza a este pensador. Es un libro ágil, ameno y profundo a la vez. Del mismo autor, Sloterdijk, se recomienda leer *El desprecio de las masas. Ensayo sobre las luchas culturales de la sociedad moderna*, Valencia, Pre-textos, 2002, puesto que ya desde la tradición de la enseñanza en Karlsruhe, una escuela de vanguardia en donde se ponen a discusión las más recientes tendencias de las artes electrónicas, los medios de comunicación y la reflexión actualizada, el autor ofrece un largo ensayo acerca de las masas contemporáneas, destacando, entre otros, un debate fructífero con Elías Canetti y removiendo ideas en torno del entretenimiento como movilizador y domesticador efectivo de masas. Esta obra actualiza la visión clásica sobre las masas.

Por otro lado, los trabajos de Karl-Otto Apel han cobrado fama desde los años 60 en los círculos, cada vez más amplios, donde su obra ha sido consultada y discutida, particularmente desde la aparición de *La transformación de la filosofía* en los 80. La pragmática del lenguaje, la hermenéutica y la ética planetaria, son, entre otros temas destacados en sus obras pero es recomendable para mejor comprensión de este capítulo el título de su autoría, *La globalización y una ética de la responsabilidad*, Buenos Aires, Prometeo, 2007. En este texto se reúnen ensayos recientes de Apel, sin dejar el alto rigor filosófico que caracteriza su producción y poniendo un especial énfasis en el proceso de globalización de los últimos tiempos.

Los tópicos de *El giro hermenéutico*, Madrid, Cátedra, 1998, de Hans-Georg Gadamer se sitúan en torno del lenguaje desde un enfoque hermenéutico. La obra abunda en referencias eruditas con relación a debates que llevan a la precisión, por ejemplo, del término de **intersubjetividad** y su origen filosófico. Además, Gadamer es un autor relativamente accesible puesto que goza de una pluma liviana y metódica. Otro título del estudioso, sugerido para comprender mejor este capítulo es *Verdad y Método II*, Salamanca, Sígueme, 1992. Gadamer fue discípulo predilecto de Heidegger y fuerte impulsor de la hermenéutica filosófica. Ha expuesto sistemáticamente la idea de la comprensión del diálogo socrático constructivo, en el que horizontes de sentido diferentes se confrontan para fundirse en un sentido común compartido y en donde la **intersubjetividad** cobra un papel relevante. Esta obra es, hace tiempo ya, un clásico que por ese solo hecho merece consultarse y también si acaso uno persigue un dato fiable y una reconstrucción teórica impecable y claramente contada.

Una pequeña obra que reúne ensayos de pensadores contemporáneos en torno de situaciones apremiantes de nuestra época es *La interpretación del mundo. Cuestiones para el tercer milenio*, Barcelona, Anthropos-UAM-I, 2006. Se trata de una compilación de Andrés Ortiz-Osés y Patxi Lanceros sobre temas vinculados a la ciencia, la religión, las masas, los límites, entre otros, que permiten visualizar aspectos relevantes para una reflexión de evidente carácter intersubjetivo, de conformación colectiva y de interés mutuo.

En los ensayos *Nihilismo y Emancipación*, Barcelona, Paidós, 2004, de Gianni Vattimo, se explora el sentido del Ser en la época de los medios de comunicación. Este pensador se da a la tarea de plantear la pregunta por el Ser de cara a las modernas sociedades mediatizadas y el esfuerzo teórico es muy relevante por la magnitud de la tarea y por la vigencia de lo logrado.

Por otro lado, en su título *La sociedad transparente*, Barcelona, Paidós, 1994, Vattimo asume que la posmodernidad sólo puede comprenderse desde el sentido que le imprimen los medios de comunicación. Esta obra debería tener un lugar más relevante en los estudios de la Comunicación debido a la consideración del carácter emancipatorio de los medios de comunicación que en ella se defiende con argumentos sólidos. Una sociedad transparente es una sociedad de comunicación: una sociedad emancipada. El texto da las claves necesarias de su propio sentido.

La comunicación intersubjetiva y los estudios de la Comunicación

Manuel de Jesús Corral Corral

En el texto *La utopía de la comunicación*, Buenos Aires, Nueva Visión, 2000, de Philippe Breton, el autor discurre, en una tesitura crítica, en torno de la noción moderna de comunicación. En opinión de Breton, la utopía wieneriana (referida al padre de la cibernética Norbert Wiener) tiene fuertes acentos anarquistas pues, en busca del progreso, para Wiener lo que cuenta no es ya más la biología, sino la Comunicación. No hay, por consiguiente, ya más seres humanos sino seres sociales capaces de desplegar toda su carga potencial informativa y comunicativa.

Un libro de consulta básica, para el interesado en abundar sobre los temas de este capítulo es *Comunicación y Vida I*, México, Edere, 2006, de Manuel de Jesús Corral Corral porque en éste se encuentran los elementos teóricos de la relación comunicativa, de las funciones y tareas de cada uno de sus componentes y su aplicación en la vida cotidiana. Los ingredientes constitutivos de la comunicación son el diálogo, la simetría y la libertad. A lo largo del texto se presentan, a manera de sugerencias, múltiples actividades cuya realización permite avanzar en dirección de la comunicación intersubjetiva.

Para abordar situaciones en las que se pierden paradigmas teóricos en lo individual y social, se sugiere la lectura de *El reto de humanizar. Reflexiones sobre la urgencia de ser persona*, México, Trillas, 2008, de Eduardo Garza Cuéllar porque ofrece pistas para descubrir en el otro o en la otra valores compatibles desde la singularidad de cada persona. De ahí la dedicatoria de cada pequeño texto a personas bien concretas. Textos azules (conciencia), textos amarillos (movimiento), textos rojos (orientación). Sorprende de este libro que sin abuso y –hasta podría decirse– sin uso del vocablo comunicación hable de la comunicación implícita en los encuentros.

Un análisis crítico a partir de las tres temáticas comprensivas de la comunicación: representación, expresión y confusión es *La comunicación*, México, Publicaciones Cruz O, 1992, de Lucien Sfez. El autor habla de la comunicación como *filía* que se basaba en una política simbólica la cual permitía el acercamiento entre la comunicación como representación y la comunicación como expresión. Con la tecnología llegó lo que Sfez llama 'la corrosión de lo social' y apareció la comunicación como confusión. De ahí que toda crítica a la comunicación realmente existente, ha de pasar necesariamente por la crítica a la tecnocomunicación.

LA IMPORTANCIA DE LA INTERACCIÓN Y DE LA COMUNICACIÓN INTERPERSONAL E INTERSUBJETIVA EN LA FORMACIÓN DE COMUNICÓLOGOS

María Rosalía Garza Guzmán

Peter L. Berger y Thomas Luckmann forman parte de la corriente fenomenológica de la sociología, cuyas primeras aportaciones se encuentran en su libro *La construcción social de la realidad*, Buenos Aires, Amorrourtu, 1976. En la primera sección del texto, los autores presentan su fundamentación teórica sobre los problemas de la sociología del conocimiento y un análisis fenomenológico de la realidad de la vida cotidiana. En la segunda parte, se aplican al nivel de la conciencia subjetiva permitiendo aplicar sus planteamientos teóricos al análisis de la realidad objetiva. Los autores ponen de manifiesto que la realidad social se va conformando principalmente a través de las interacciones personales en la vida cotidiana por lo que esta obra resulta esencial para el estudio de la comunicación interpersonal.

Un libro básico para quienes quieran conocer el gran mundo del estudio de la comunicación interpersonal es el manual *Handbook of Interpersonal Communication*, USA, Sage Publications, 2002, compilado por Mark L. Knapp y John A. Daly. En éste se presenta un compendio de las investigaciones realizadas desde los diversos campos de aplicación de la comunicación interpersonal.

Una selección de los autores más relevantes en materia de comunicación interpersonal es también la de Mark V. Redmond en su libro *Interpersonal Communication*, USA, Hartcourt Brace College Publishers, 1995. En el texto se encuentra información tanto de corrientes teóricas de la comunicación interpersonal como de las diferentes áreas de aplicación de las teorías interpersonales.

Ahora bien, para leer sobre conducta social, George Herbert Mead es indispensable. En la primera parte de su libro *Espíritu, persona y sociedad*, Buenos Aires, Ediciones Paidós, 1973, aborda el estudio de la conducta social desde un enfoque diferente planteado hasta cierto momento histórico; en apartados subsecuentes habla de lo que se convertiría en un muy fuerte movimiento teórico, el Interaccionismo Simbólico. Este último ha dejado frutos tanto en el campo psicológico como en el sociológico y en lo que corresponde a la comunicación interpersonal, el concepto de las interacciones a través de símbolos es dado por sentado en la mayoría de las teorías desarrolladas posteriormente. Esta teoría es una de las más referenciadas en el mundo académico de la comunicación interpersonal.

Para los profesores y alumnos que estén involucrados en cursos de Comunicación resultará muy útil comprender las principales teorías sobre este estudio que se encuentran en *A First look at Communication Theory*, USA, McGraw Hill, 2003, de Emory A. Griffin. La obra también es de gran utilidad para dar fundamento a los trabajos de estudiosos e investigadores de la Comunicación. Cada capítulo comienza con asuntos anecdóticos que introducen al tema y promueven el interés de los lectores y cierra con preguntas que motivan a la reflexión. Griffin hace buenas recomendaciones bibliográficas para ahondar en diversos temas.

Si interesa un libro práctico para el desarrollo de las habilidades interpersonales de comunicación, Rudolph F. Verderber y Kathleen S. Verderber lo ofrecen en *¡Comunícate!*, México, Thomson, 2005. Además de tener múltiples ejercicios para el desarrollo de la competencia comunicativa, la obra brinda un sustento teórico en todos sus puntos e integra pruebas de autodiagnóstico a la vez que relata casos de la realidad sobre los cuales se plantean interesantes reflexiones.

LA COMUNICACIÓN INTERSUBJETIVA Y SUS ÁMBITOS DE APLICACIÓN

JOSÉ CISNEROS ESPINOSA

Mijail M. Bajtín afirma en *Yo también soy. (Fragmentos sobre el otro)*, México, Taurus, 2000, que lo que define al ser humano en cuanto tal es fundamentalmente su relación con el **otro** en un acto creativo. El **otro** que no soy yo pero que me permite saber **quién soy** y participa en mi construcción a través del diálogo. De hecho, la primera noción de mí la obtengo de los otros, de mi madre en primer lugar, que no soy yo. El **otro** también es, y se construye conmigo. Y en este movimiento dialéctico entre el **yo** y el **otro**, bien explica Bajtín que nos vamos haciendo en el mundo de los seres humanos, por lo tanto, en el mundo intersubjetivo.

Erich Fromm propone al hombre, en *El miedo a la libertad*, México, Paidós, 2006, que se enfrente consigo mismo, con sus propios deseos y necesidades para liberarse de una sociedad que lo condiciona todos los días y en todos los ámbitos pero sobre todo para liberarse de los temores que lo esclavizan tocando, de manera frontal, lo que llamamos comunicación intersubjetiva.

De otra manera, otro teórico imprescindible, Paulo Freire, fundamenta los procesos de aprendizaje y liberación. En *La educación como práctica de la libertad*, México, Siglo XXI, 1974, Freire expone una manera de transformar la educación "bancaria", "domesticadora", en un diálogo para la liberación colectiva. No parte para esto de un mundo ideal, sino de las condiciones más adversas de pobreza y opresión, y a través de la problematización de estas condiciones, de la reflexión y la acción (*praxis*) en grupo, plantea un proceso educativo puede decirse hoy que bastante intersubjetivo donde "nadie educa a nadie, ni nadie se educa solo; nos educamos unos a otros mediatizados por el mundo".

Concretamente respecto de los jóvenes y la juventud es imperante recomendar *Alexis Zorba, el griego*, México, Alianza, 1995, de Nikos Kazantzakis que es una novela acerca de un personaje vital, libre, nómada, pero arraigado a la tierra; un viejo-niño adorador de la "raza hembra", que da lecciones de vida a su patrón urbano, tanto en el trabajo como el disfrute de la vida, de la fiesta, del vino, de la música, del baile, del mar y de la naturaleza. Una crítica a las viejas concepciones de la moral, la justicia, el amor y la vida. Una recuperación de la pasión por vivir por encima, muy por encima, de las posesiones y el dinero. Es un estimulante ejemplo para seguir siendo joven a cualquier edad.

OTRO REGRESO AL SUJETO: MIGRACIÓN Y COMUNICACIÓN INTERSUBJETIVA DESDE UN CASO EMPÍRICO EN TIJUANA

GERARDO G. LEÓN BARRIOS

El libro *La comunicación intercultural*, Barcelona, Anthropos, 1999 de Miquel Rodrigo Alsina hace una revisión de aspectos teóricos sobre el tema de la comunicación, articulada al tema de la cultura desde un punto de vista de la diversidad. Propone también un mapa metodológico sobre cómo paliar las dificultades que presentan las relaciones interculturales y enfrentar la diversidad en contextos marcadamente interculturales. El texto no explicita el tema de la comunicación intersubjetiva pero toda la segunda parte está soportada por el asunto de la interacción entre sujetos.

Interculturalidad y comunicación, Buenos Aires, Norma, 2000, de Alejandro Grimson, nos acerca a las dimensiones centrales de la comunicación intersubjetiva. Aunque Grimson se concentra en exponer las formas de comprensión de diversidades socioculturales, todos los elementos de análisis son una propuesta para el estudio de la comunicación entre sujetos dentro de una diversidad cultural. El autor argumenta que los procesos de comunicación implican un alto grado de interacción cara a cara entre actores sociales de diferentes universos simbólicos. En el capítulo 2, especialmente, se exponen dimensiones de la comunicación, elementos importantes en la comprensión de la intersubjetividad.

La comunicación intrafamiliar

Fátima Fernández Christlieb

Para entender las complejidades de la familia urbana en el siglo veinte, vale la pena retomar la formación de diversos modelos de familia que han coexistido en México desde la época prehispánica hasta mediados del siglo xx. Justamente esto estudian y escriben Pilar Gonzalbo y Cecilia Rabel en *La familia en Iberoamérica 1550-1950*, Bogotá, Convenio Andrés Bello-Universidad Externado de Colombia, 2004. Gonzalbo y Rabel, en "La familia en México", de este texto coordinado por Pablo Rodríguez Jiménez, se detienen en la organización familiar del México antiguo y en la entrada de las leyes españolas durante la Colonia, así como en las diferencias campo/ciudad. Igualmente señalan las modalidades familiares que aparecen en las décadas posteriores a la guerra de independencia.

Sobre cómo han variado los modelos familiares y cómo fueron apareciendo o pasando a segundo plano los contratos matrimoniales, se habla en el ensayo de Iván Illich, *El género vernáculo*, México, Joaquín Mortiz/Planeta, 1990, cuyo hilo conductor es la elaboración de conceptos que buscan desenredar al género del sexo en las sociedades industrializadas. Para mostrar que uno y otro emergen de matrices no relacionadas entre sí, el autor lleva a cabo dos movimientos: primero desentierra cuanto testimonio encuentra de lo que fue la vida comunitaria de hombres y mujeres a través de los siglos y segundo coloca la pérdida del género al lado de otras ausencias provocadas por la industrialización.

Buena síntesis de una larga práctica clínica con un sostenido esfuerzo de conceptualización de los hallazgos en terapia familiar intergeneracional es *Lealtades invisibles*, Buenos Aires, Amorrortu, 2003, de Iván Boszormenyi-Nagy y Geraldine Spark. El texto consta de trece capítulos de los cuales ocho son escritos por Boszormenyi-Nagy, médico de origen húngaro, que comienza su práctica con familias en 1956. Cuatro de los capítulos corren a cargo de su co-terapeuta, Spark y uno más, un caso clínico, es redactado por ambos. En su método confluyen la psicología dinámica, la fenomenología existencial y la teoría de los sistemas para identificar conflictos de lealtades inconscientes o no admitidas por los miembros de un sistema familiar.

Órdenes del amor, Barcelona, Herder, 2002, es un conjunto de cursos del autor Bert Hellinger, transcritos con presentación de casos en los que se busca mostrar la existencia de condiciones predeterminadas al interior de los sistemas familiares. Estas condiciones que plantea Hellinger son órdenes naturales basadas en vínculos amorosos entre los miembros de un sistema familiar. Al alterarse estos órdenes, dice, se provocan desequilibrios en el sistema que se manifiestan en conflictos que no se resuelven hasta que cada miembro de la familia ocupe el lugar y el orden que le corresponde. El libro cierra con una entrevista al autor en la que éste narra las fases y fuentes de su formación, así como los principales elementos de su método.

Teatro y comunicación: comunión de subjetividades en el arte escénico

Carmen Castillo Rocha

Intersecciones: Ensayos sobre teatro, Madrid, Iberoamericana, 1999, de Fernando de Toro plasma el producto de quince años de investigación sobre perspectivas teóricas relacionadas con la construcción de las producciones teatrales. El recorrido abarca la semiótica, la antropología, el teatro latinoamericano, el teatro posmoderno, el feminismo y la poscolonialidad.

Para identificar la manera en que se construye la comunicación en las diversas propuestas teóricas relacionadas con el teatro hay que leer *El teatro como vehículo de comunicación,* México, Trillas, 1992, de Antonio Prieto Stambaugh y Yolanda Muñoz González que es un trabajo lúcido y claro en el cual se revisa la producción de los teatristas más importantes del mundo occidental, sin olvidar el teatro producido desde otras culturas.

El lugar que han tenido las diferentes propuestas escénicas en el México del siglo veinte queda inscrito en *Teatro y teatralidades en México. Siglo xx,* Veracruz, Universidad Veracruzana, 2004, de Domingo Adame quien hace una revisión somera de los aspectos teóricos y presenta los resultados de una intensiva búsqueda histórica para explicar la teatralidad mexicana.

LA MUERTE COMO RITUAL INTERSUBJETIVO: REFLEXIONES SOBRE LA APROPIACIÓN Y VIVENCIA DE LA MUERTE

María Concepción Lara Mireles

Norbert Elias ofrece una serie de reflexiones, experiencias e investigaciones en torno del comportamiento de diferentes sociedades, a lo largo de la historia, frente al hecho de morir, en su obra *La soledad de los moribundos,* México, Fondo de Cultura Económica, 1987. La premisa inicial de Elias es que sólo para los seres humanos es un problema morir, pues más allá del hecho biológico, los hombres le dan a la muerte un tratamiento social específico de acuerdo al estadio de evolución humana y al proceso de civilización.

"Hemos entrado –dice Anthony Giddens en *Consecuencias de la modernidad,* Madrid, Alianza, 2002– en un periodo de alta modernidad que ha roto las amarras de la seguridad de la tradición." La modernidad implica la institucionalización de la duda y es inherentemente globalizadora y esta tendencia conecta a los individuos a los sistemas de gran escala como parte de una dialéctica de cambio, tanto en los polos locales como globales. Esto significa que se vive en un mundo en el que presencia y ausencia se mezclan, en el que el progreso se vacía de contenido y en el que la cantidad de información diaria de que se dispone resulta abrumadora.

Sobre la iconografía escatológica cristiana a partir del Medioevo es interesante el texto de Elsa Malvido en "Crónicas de la Buena Muerte a la Santa Muerte en México", *Arqueología Mexicana,* vol. XIII, núm. 76, noviembre-diciembre, México, Raíces, 2005. Malvido reseña la producción pictórica religiosa cuyo tema es la muerte y nos ilustra sobre los símbolos utilizados en la misma. Nos habla de la centralidad del tema en la religiosidad de épocas pasadas y afirma que en la tradición católica el signo de la muerte con sus diferentes representaciones iconográficas era una figura de la mortalidad, de la finitud de la vida humana. Posteriormente, la autora presenta un análisis comparativo entre lo que significaba el pedir una "buena muerte" y lo que hoy en día se conoce como el culto a la Santa Muerte.

*Esta obra se terminó de imprimir
en septiembre de 2013, en los Talleres de*

*IREMA, S.A. de C.V.
Oculistas No. 43, Col. Sifón
09400, Iztapalapa, D.F.*